U0078781

元曲六大家

王忠林
應裕康 著

東大圖書公司印行

©元　曲　六　大　家

著　者　應裕康　王忠林
發行人　劉仲文
著作財產權人　東大圖書股份有限公司
總經銷　三民書局股份有限公司
印刷所　東大圖書股份有限公司
復興店／臺北市復興北路三八六號六樓
重慶店／臺北市重慶南路一段六十一號
郵　撥／〇一〇七一七五——〇號
初　版　中華民國六十六年二月
三　版　中華民國八十三年二月
編　號　E 82023
基本定價　叁元伍角陸分
行政院新聞局登記證局版臺業字第〇一九七號

有著作權・不准侵害

ISBN 957-19-057-2（平裝）

自序

自從元代周德清在中原音韻的序上，特別地表彰了關漢卿、鄭德輝、白樸、馬致遠等四位曲家以後，元曲便有了四大曲家的說法。明代的文學家，大都守此說法。所以何良俊曲論說：

「元人樂府稱馬東籬、鄭德輝、關漢卿、白仁甫爲四大家。」

當然，也有不以這種說法爲然的，如王驥德曲律，就如此說：

「世稱曲手，必曰關、鄭、白、馬，顧不及王，要非定論。」

他所提到的「王」，卽是寫西廂記雜劇的王實甫，王實甫寫崔鶯鶯待月西廂記，一共五本二十一套，實是元劇中罕見的巨構。他的散曲雖然留存的不多，但婉麗旖旎，就像一粒粒晶瑩的珍珠。如此曲手，竟不入大家之列，難怪王驥德要爲之不平。

王驥德之後，明代的文學家王世貞，就在他所著的藝苑巵言中，把王實甫加入了大家之列。不但如此，他並且再添上了喬吉、貫酸齋、張可久、宮大用等，稱爲九大家。

到了清代，李調元撰雨村曲話，以貫、張、宮等三人，只工小令，不足跟其餘六人並立。從此以後，元曲六大家的稱謂，便漸漸成爲定論。李氏的話很對，而且也很合理，因爲旣稱大家，自也不能過多。元曲自是絶妙文章，但若個個曲手，俱稱大家，「大家」二字，也就失去其做爲一種榮銜的意義了。本書稱爲「元曲六大家」，實在也是對於李氏說法的一種肯定。

我們兩人，都是對元曲非常有興趣的。尤其是這幾年同在南洋大學任教，忠林教元曲選，裕康敎中國戲劇，對於六大家的作品，都有一點涉獵，而對六大家的種種問題，也時時加以討論。舉例來說，關漢卿等六人，在文學史上自有其一定的地位，但他們都不是什麽名臣大儒，所以生平事蹟，流傳下來的便很少。前賢撰文討論的很多，但言人人殊，沒有定論。又像他們的作品，流傳旣久，自然也發生存佚、眞僞等等的問題。兩人在討論之中，對於各種不同的意見，不免有了取捨。取捨之餘，也就很想把個人的意見，發表出來。

書局知道我們有合寫一本關於元曲方面的書的願望，很表鼓勵，同時希望我們能够寫得通俗一點，期能引起大家對元曲欣賞的興趣。這本小書，就是在這樣的機會下問世的。

兩個人合寫一本書，總免不了有點技術上的困難，譬如對問題的看法不同，寫起來筆調不一致等等，好得我們兩個人的研究室很近，不過擧「足」之勞就可以走到了。因此，對於大的章節，都預先擬訂好了。而在撰寫的過程中，有些臨時發生的問題，則兩個人隨時討論，務必求得一致的見解，才肯罷休。所以，這本小書，雖分由我們兩個人執筆，但任何部分，都是我們一致的見解。

我們的分工是這樣的：忠林寫六大家的生平、散曲，而裕康則寫六大家的雜劇。至於次序，則大略係按六大家時代的先後排列。不過有一點要說明的是：我們定王實甫的生年，最晚也要在西元一一八八年以前，可能比關漢卿還要早些。照說應該列在關漢卿之前。但是關漢卿在元曲大家中，作品最多，内容最廣，意義最深，前賢一向認爲他是雜劇之首。因此，在元曲史上，關漢卿的地位自是最崇高的。我們爲了尊敬關的地位，因此在排列上，仍以他爲首，依次則爲王實甫、白樸、馬致遠、鄭光祖、喬吉等五位大家。

在六大家的生平方面，我們盡可能根據現有的資料，把它寫得翔實些。但是，有兩點困難的地方：一、六大家在當時都沒有什麼社會地位，因此傳記的原始資料很少。二、考證六大家生平的論文很多，大都各有看法，假如盡數轉錄，篇幅不免過長。對於第一點，我們盡可能的搜集資料，寫出他們的生年和卒年、字號與故里、科名與官職（若是有的話）、交游與軼事，甚至他們的戀愛與生活。希望多方面的來觀察，這些文學家多采多姿的一生。對於第二點，我們盡量不參加考證的討論，而只是把我們所認爲最穩妥、最可能的說法，介紹給讀者。

雜劇的這一節，我們首先介紹每一作家的雜劇總目。這也是比較困難的一個問題，每一大家雜劇總目，從最早著錄的錄鬼簿起，學者們就有不同的說法，加上有的劇本有眞僞、兩屬等等的問題，一涉考證，連篇累牘，就不是這本書所能包含，所以我們也採取快刀斬亂蔴的方法，直接了當地把我們認爲對的答案，介紹給讀者。當然，在下筆之前，我們自問，曾不止一次地經過討論，而且，我們也力求客觀和平穩。

有些大家的雜劇作品，數量是驚人的，像關漢卿，已知的雜劇，有六十四本之多，我們自然無法都一一詳加介紹，因此，對於現存的劇本，我們都介紹它的故事、主題、創作背景、寫作技巧、以及它的藝術價值。留有殘曲的，則說明它的數量，以及輯錄的書本。至於已佚的劇本，除了在總目中著錄劇名以外，其餘的就從略了。

六大家現存的散曲，也是或多或少，頗不一致。最少的當推王實甫，他的現存散曲，眞正可靠的，似乎只有一首小令，和一套套曲。作品這樣少，當然可以全部介紹。有些作家，像馬致遠，現存小令在一百首之上。喬吉現存的小令，更在兩百首之上。作品如此多，勢不能逐首加以介紹。幸而忠林作過好幾家的散曲析評（見王忠林著元曲論叢），對於散曲的分析和批評，有着很豐富的經驗。不管曲家作品的多寡，一定不會遺漏最重要的作品，這是我們能自信的。

曲家屬於豪放和清麗，也是歷來學者所常爭論的問題。其實，依六大家的作品來看，幾乎每一家的作品，都有豪放和清麗兩種不同的形式。元曲家的題材很廣泛，意境也很深遠，硬要把他們歸屬於一派，實在是不可能、也不必要的事。所以我們論六大家的散曲，只以他們的作品爲準，不以前輩學者的分派爲據。

馬致遠南呂四塊玉嘆世一：

「兩鬢皤，中年過。圖甚區區苦張羅，人間榮辱都參破。種春風二頃田，遠紅塵千丈波，倒大來閑快活。」

這種嘆世的作品，其餘幾家幾乎都有。若要以此歸派，則六大家這種消極、無奈的作品，豈非都是同屬一派？從另一方面看，在元代異族的統治之下，漢人受盡壓迫，這些感傷深沉的作品，在七、八百年後的我們讀來，還是同樣地覺得感動。文學作品的偉大，實在是超越了時間、空間，和體裁的限制啊！

應裕康

民六十五年

元曲六大家　目錄

第一章 關漢卿

第一節 關漢卿的生平

關漢卿的生平事蹟，有關的記載材料太少，後世雖經許多學者多方搜求考證，還是殘缺難全。元鍾嗣成錄鬼簿對關漢卿的介紹，僅祇數語，云：「關漢卿，大都人，太醫院尹，號已齋叟。」（或作「太醫院戶」）。明蔣一葵堯山堂外紀所載略同。我們僅能根據一些零星材料，來考求漢卿生平的大概。

一、字號與故里

漢卿是名還是字，過去已有一些學者提出討論，後來有人又從永樂大典裏發現析津志的材料，析津志名宦傳記載：「關一齋，字漢卿，燕人。」（註一）於是就可以斷定漢卿是字了。至於漢卿的原名，可能因爲他當時是以字行，原名不爲人所知，到鍾嗣成時已無可考，所以錄鬼簿缺載。

漢卿的號，有「巳齋」、「已齋」、「一齋」、「乙齋」等不同的記載。天一閣明抄本、馬廉新校注本和明鈔說集本錄鬼簿都作「巳齋」，明孟稱舜酹江集附錄本和曹楝亭（寅）十二種本卻誤作「巳齋」(註二)。王國維校注本和曲錄都作「巳齋」，但宋元戲曲史卻誤成「已齋」，後來有些人可能受此書影響，跟着沿誤作「已齋」。析津志作「一齋」，有人以爲原來應是「乙齋」，由「乙」又訛爲「已」。我們根據最早最可靠的錄鬼簿，還是斷定號爲「已齋」，由於形音相近以致誤爲「已齋」、「巳齋」、「乙齋」、「一齋」。

關漢卿的故里，錄鬼簿和堯山堂外紀都說是大都，析津志說是燕人，又有說是蒲陰人，乾隆二十年的祁州志又說是祁州之任仁村人。考元時的大都，就是現在的北平，遼時稱析津府，宋宣和五年改名燕山府，金天會元年復舊名仍稱析津府，所以燕山府，析津府都是指的大都。至於祁州也就是蒲陰，元時是大都的屬地（凡中書省所轄之地均可稱爲大都），所以關漢卿的故里，依錄鬼簿作大都是沒有問題的。

二、科名與官職

王國維宋元戲曲史云：「鬼董五卷，有元泰定丙寅臨安錢孚跋云：『關解元之所傳。』後人皆以解元爲卽漢卿。堯山堂外紀遂誤以爲此書爲漢卿所作，錢氏元史藝文志仍之。案解元之稱，始於唐；而其見於正史也，始於金史選舉志。金人亦喜稱人爲解元，如董解元是已。則漢卿得解，自當在金末。若元則唯太宗九年（金亡後三年）秋八月一行科擧，後廢而不擧者七十八年，至仁宗延祐元年八月，始復以科目取士，遂爲定制。故漢卿得解，非在金世，亦必在蒙古太宗九年。」（第九章）關漢卿中過解元之事，除鬼董跋以外，不見有任何記載，而鬼董這本書也無法確證是關漢卿所作或所傳的。同時王國維也已提到，金人亦喜稱人爲解元，解元二字在金元之間，是對讀書人的通稱或尊稱，並不一定像明人以鄉試第一爲解元。所以認爲關漢卿中過解元之說是不可信的。

關漢卿曾否任過官職的問題，據通行各本錄鬼簿在關漢卿條下都注有「太醫院尹」，堯山堂外紀更明言「金末爲太醫院尹」。另外又有人以爲錄鬼簿記「太醫院尹」，在「大都人」之後，大都是元朝地名，太醫院尹也應該指的是元代官職。可是我們發現，天一閣藏明鈔本、明抄說集本和明孟稱舜刋酹江集附錄錄鬼簿殘本，都作「太醫院戶」，這幾種本子是較早和較好的，所載應該比較可靠。另外關漢卿的不伏老套曲，自述長於多種技藝，但並沒有言及醫術。再看金史和元史的百官志根本就沒有「太醫院尹」的官職。近來好幾位研究曲學的人，都認定關漢卿沒有做過「太醫院尹」，祇是家屬「太醫院戶」而已。太醫院戶究竟是怎樣的戶口，據元典章卷三十二記載：「中統三年皇帝聖旨：……聖旨到日，據醫人每戶下差發除絲錦、顏色、種田納（地）稅、買賣納商稅外，其餘軍需、鋪馬、只應、迎牛、人夫諸科名雜泛差役，並行蠲免。」又通制條格卷三所載至元八年（西元一二七一）十月初十日的太醫院奏文云：「太醫院奏：本管的醫人內除戶頭作醫戶當差外，其餘弟兄孩兒每省會醫人的，不會醫人的，析居收作協濟民戶。若這般，以後那學醫人的都少了也。合無將本院但有析居戶，令本院管領，據合着發依民戶例輸納，不致闕少。俺怎呵，怎生。奉聖旨，這的是有體例，說的是也。」據這兩段記載，可知「醫戶」乃一受特殊待遇之戶口，祇須其父兄行醫，子弟雖非傳父兄醫業，且已分居的，仍得受太醫院管領，而可減免若干雜稅差役。關漢卿就是屬於這種「太醫院戶」，並沒有做過什麼太醫院尹。

三、生年與卒年

關漢卿的生年和卒年，任何典籍都沒有明確的記載，於是後世學者各自考索，衆說紛紜。元邾經青樓集序曾說：「我皇元初併海宇，而金之遺民若杜散人、白蘭谷、關已齋輩，皆不屑仕進。」杜散人卽杜仁傑（善夫），白蘭谷卽白樸，這兩位曲家入元不仕都有記載。道光長清縣志引舊記云杜在元世祖時以翰林承旨累徵不就，王博文天籟集序說開府史公將力薦白樸於朝，樸再三遜謝。杜、白不屑仕進既有實據，漢卿入元不仕亦必非杜撰。後人據此遂推斷漢卿爲「金源遺老」，可是漢卿曲中有大德歌，大德是元成宗在一二九七年改元的年號，漢卿這時還活着，距金亡已有六十多年，如說他是「金源遺老」，不可能這樣長壽。胡適先生首先提出異議（註三），他說關漢卿不是「金源遺老」。不過胡氏祇能證明關不是「遺老」，他仍承認關生於金，旣生於金，稱爲金之「遺民」，總該沒錯，所以胡氏同舊說並不衝突。

元楊維楨元宮詞云：「開國遺音樂府傳，白翎飛上十三弦。大金優諫關卿在，伊尹扶湯進舊編。」王國維斷定關卿卽指關漢卿，而且說「伊尹扶湯」是關所寫的雜劇，爲錄鬼簿所漏載（見宋元戲曲史第九章）。這裏旣稱關漢卿爲「大金優諫」，那麼關漢卿生於金代應該是沒有問題的。另外還有一些旁證，關漢卿所作雜劇中多記女眞事，多雜女眞語；散曲不伏老套中自言精通多種技藝，多與金代女眞人所喜愛的技藝有關，這也可以證明他是由金入元之人。

由以上所說的一些證據，可以推定關漢卿是一位由金入元的曲家。同時據青樓集序說他在元代初倂海宇時不屑仕進，可知他這時已屆仕進之年。金亡於末帝天興三年（西元一二三四），假設關漢卿這時二十至二十五歲，那麼他的生年當在金衞紹王大安二年至金宣宗貞祐三年（一二一〇——一二一五）。

關漢卿散曲中有大德歌，那麼在元成宗改元大德時（一二九七）應該還活着。錄鬼簿中列關漢卿爲「已死名公」，則鍾嗣成在杭州從事戲劇活動時（大德七年——一三〇三）關氏必然已死。這樣我們就可以推定關氏卒年在元成宗大德元年至大德四年（一二九七——一三〇〇）之間，關氏享壽八十餘（註四）。

四、交游與軼事

根據錄鬼簿等書的記載，我們知道關漢卿和當時幾位曲家都有交往。錄鬼簿云：「楊顯之，大都人，關漢卿莫逆之交。凡有文辭，與公較之，號楊補丁是也。」元賈仲明凌波仙詞云：「顯之前輩老先生，莫逆之交關漢卿。」可見關漢卿和楊顯之是莫逆之交，而且兩人還時常在一起討論作品的文辭。

錄鬼簿：「梁退之，大都人，警巡院判，除知州，與漢卿友。」賈仲明凌波仙詞：「警巡院判轉知州，關叟相親爲故友。」梁退之也是關漢卿的故交。

錄鬼簿：「費君祥，大都人，字聖父，與關漢卿交。」賈仲明凌波仙詞：「君祥前輩傲圖南，關已相從看老耽，將楚雲湘雨親把勘。」費君祥也和關漢卿相交往。

元陶宗儀輟耕錄嗓條：「大名王和卿，滑稽挑達，傳播四方。中統初，燕市有一蝴蝶，其大異常，王賦醉中天云，……由是其名益著。時有關漢卿者，亦高才風流人也，王常以譏謔加之，關雖極意還答，終不能勝。王忽坐逝，而鼻垂雙涕尺餘，人皆駭歎。關來弔唁，詢其由，或對云：『此釋家所謂坐化也。』復問鼻懸何物，又對云：『此玉筋也。』關云：『我道你不識，不是玉筋，是嗓。』咸發一笑。或戲關云：『你被王和卿輕侮半世，死後方才還得一籌。』凡六畜勞傷，則鼻中常流膿水，謂之嗓病；又愛訐人之短者，亦謂之嗓，故云爾。」王和卿和關漢卿都性喜戲謔，甚至和卿死時漢卿尙且用雙關語譏謔，可見這兩個人都很風趣，而交情也非常深厚(註五)。

以上這幾位曲家都是元代前期作家，而且都是大都人，所以關漢卿才和他們成了莫逆之交。

明蔣一葵堯山堂外紀云：「關漢卿曾見一從嫁媵婢，作小令朝天子云：『鬢鴉，臉霞，屈殺了將陪嫁。規模全是大人家，不在紅娘下。巧笑迎人，文談回話，眞如解語花。若咱得她，倒了蒲桃架。』吳梅顧曲麈談更說：「夫人見之，答以詩云：『聞君偷看美人圖，不似關王大丈夫。金屋若將阿嬌貯，爲君唱徹醋葫蘆。』關見之，太息而已。」這段軼事，說明關漢卿是很風流的，雖未必實有其事，但是關漢卿自稱「郎君領袖」、「浪子班頭」，過的是「折柳攀花」、「眠花臥柳」（均見南呂一枝花不伏老套曲）的生活，同女人之間的風流豔事是不會少的。我們再看他的贈朱簾秀曲（南呂一枝花套），就可知他和當時的名妓關係是很密切的。

註一　見永樂大典卷四六五三天字韵引析津志名宦傳。

註二　孟本和曹本錄鬼簿中「前輩已死名公有樂府行於世者」及「前輩已死名公才人有所編傳奇行於世者」兩處的「已」字皆作「巳」，可證「已」作「巳」均係誤刋。

註三　見天津益世報讀書周刋四十期胡適「關漢卿不是金遺民」一文。

註四　參見梁沛錦編「關漢卿研究論文集成」梁撰「關漢卿行年考辯」一文

註五　孫楷第元曲家考略，謂於危太樸文續集卷四有「故承事郎汴梁通許縣尹王公墓碣銘」，墓銘中之王鼎，字和卿，其曾大父家於蔚州。王鼎曾爲通許縣尹，卒於延祐七年（一三二〇）孫氏以爲此王鼎卽是曲家王和卿，因而斷定關漢卿之死年必在延祐七年之後。實在此一王鼎籍貫、生平事蹟都難以與曲家王和卿牽合，筆者曾爲文辯正，參見新加坡新社出版之新社季刋五卷三期王忠林所撰「王和卿散曲析評」一文。曲家王和卿死時關固在場，和卿死時關尙健在，以關之時代及和卿在中統初年（中統元年爲一二六〇）

已因詠大蝴蝶而名播四方等推之，和卿與漢卿年歲很相近，而逝世早於漢卿，可能在大德之前。

第二節 關漢卿的雜劇

一、總目

關漢卿是元代雜劇大家中，作品最多的一個。他所作的雜劇總數，據通行本錄鬼簿的著錄，共有五十八本；明鈔本錄鬼簿著錄，共有六十二本；太和正音譜著錄，共有五十九本（該書原著錄六十本，但誤分錢大尹鬼報緋衣夢爲兩劇，所以實際只有五十九本）；傅大興元雜劇考著錄最多，共計六十七種。民國四十七年，鄭騫先生關漢卿雜劇總目，考定關漢卿所作雜劇，共計六十四本，這是在現有的資料下，所得關氏所作雜劇，最正確的數字了。現在錄其目於下：

閨怨佳人拜月亭、詐妮子調風月、錢大尹智寵謝天香、烟月救風塵、包待智三勘蝴蝶夢、杜蕊娘智賞金線池、感天動地竇娥寃、望江亭中秋切膾旦、錢大尹鬼報緋衣夢、鄧夫人哭存孝、狀元堂陳母敎子、關張雙赴西蜀夢、關大王單刀會、溫太眞玉鏡臺。

以上十四本今存。

唐明皇哭香囊、風流孔目春衫記、孟良盜骨。

以上三本有殘曲。

董解元醉走柳絲亭，丙吉敎子立宣帝，薄太后走馬救周勃，大長公主認先皇，曹太后死哭劉夫人、荒墳梅竹鬼團圓、風月狀元三負心、沒興風雪攔馬記、金銀交鈔三告狀、蘇氏造織綿回文、介休縣敬德降唐、昇仙橋相如題柱、金谷園綠珠墜樓、漢匡衡鑿壁偷光、徐夫人雪恨萬花堂、呂蒙正風雪破窰記、晏叔原風月鷓鴣天、姑蘇臺范蠡進西施、開封府蕭王勘龍衣、柳花亭李婉復落娼、甲馬營降生趙太祖、賢孝婦風雪雙駕車、雙提屍鬼報汴河寃、老女壻金馬玉堂春、宋上皇御斷姻緣簿、崔玉簫擔水澆花旦、晉國公裴度還帶、隋煬帝牽龍舟、風雪狄梁公、屈勘宣華妃、月落江梅怨、終南山管甯割席、白衣相高鳳漂麥、孫康映雪、唐太宗哭魏徵、武則天肉醉王皇后、翠華妃對玉釵、漢元帝哭昭君、劉夫子救啞子、劉盼盼鬧衡州、呂無雙銅瓦記、萱草堂玉簪記、楚雲公主酹江月、魯元公主三嚇赦、醉娘子三撇嵌、藏鬮會、秦少游花酒惜春堂。

以上四十七本全佚。

此外尙有山神廟裴度還帶、劉夫人慶賞五侯宴、包待制智斬魯齋郎、尉遲恭單鞭奪槊等四本、舊題是關漢卿所作、經過近代的學者考證、已證明不是關氏的作品。西廂記的第五本，明代的徐復祚三家村委談、王世貞曲藻等書、都說是關漢卿續作的。其說確否，也大成問題，現在留待王德信一節再說。

從可以確定爲關漢卿的作品來看，他共作雜劇六十四本，在元劇作家之中，他的作品數量最多。其次是高文秀，作有三十二本，只及關氏的二分之一。再次是鄭廷玉，只有二十本，比高氏還少十本。其餘諸家，所作都在二十本之下，視關氏所作，更是瞠乎其後，望塵莫及。再說各家著錄元劇，去其重複，共有五百三十多本，關氏所作，卽占全數九分之一強，這眞是一個驚人的比率。

鄭騫先生在關漢卿的雜劇一文（註一）中，認爲關氏在元代雜劇作家中，有三種特點，卽時代最早；作品最多；題材最爲廣泛而且描寫各極其致。作品最多，已如上述。時代最早，則元鍾嗣成，明朱權都有如此看法，鍾嗣成錄鬼簿把關氏列爲「前輩已死名公才人」之首，而朱權的太和正音譜，乾脆說關氏是「初爲雜劇之始」。

至於題材最爲廣泛而且描寫各極其致一點，跟關氏作品之多，也有密切的關係，因作品旣多，題材自不能侷於一隅。不過，題材廣泛，實也與關氏的生活，有很大的關係。明臧晉叔元曲選序說關漢卿的生活是「躬踐排場，面傅粉墨，以爲我家生活，偶倡優而不辭」。拿現在的話說，關氏對於戲劇，不僅自編，而且常常是自導、自演了。由此可見，戲劇生活實際就是關氏生活的全部，這樣的戲劇作家，所創作的劇本，當然跟後代一些文人劇的戲劇家不同，至少他了解劇團的需要，也了解觀衆的喜好。爲了吸引觀衆的興趣，勢必要廣搜題材；而爲了使觀衆發生共鳴，則勢必在創造人物上下功夫，使他們個性分明，逼眞生動，成爲一個個活生生有血有肉的人物，才收到戲劇的效果啊！

對於關氏的雜劇，我們唯一感到遺憾的，是他留存的作品太少。現存十四本，與總數六十四本相比，約是七分之二的樣子。至於有殘曲的三劇，唐明皇哭香囊只殘存曲文五支；風流孔目春衫記只殘存曲文一支，孟良盜骨只存仙呂青歌兒曲文兩句而已。這些殘曲，都保存在北詞廣正譜，近人趙景深也把它收在元人雜劇鈎沈一書（註二）。希望今後關氏的殘逸雜劇能多所發現，對於研究關氏的雜劇，一定大有幫助。

二、家庭劇

關漢卿現存的十四本雜劇中，最著名而也最引起近代學者注意的，當首推感天動地竇娥冤，現在即從本劇談起。本劇的故事是：

竇娥的父親竇天章，是個窮秀才，借了寡婦蔡婆的高利貸，無法還債，就把竇娥抵給蔡家做童養媳。竇娥長大成親，不到兩年，丈夫就死了，成了兩代寡婦。一日，蔡婆向賽盧醫討債不遂，反而差一點被勒死，恰好被張驢兒父子所救。張氏父子本是無賴，趁機就住進蔡家，並要脅婆媳與他們父子成親，意圖財色雙收，但為竇娥堅拒。蔡婆病中想吃羊肚湯，張驢兒在湯中下毒，卻不料被張父誤吃，中毒身死。張驢兒乘此威逼竇娥就範，竇娥仍不從。於是張就告到官府，竇娥不忍婆婆也受酷刑，才屈招了。臨刑之時，竇娥罰下三大誓願：「一要死時血不沾塵土，盡染於旗鎗上之白練。二要天降大雪，掩妾屍體，毋使暴露。三要楚州大旱三載。」祝告天地顯靈，以證明他的冤枉，結果一一應驗，尤其是時當六月，天降大雪，最為奇異。竇娥死後，他的父親做了兩淮廉訪使，到楚州巡按，由於竇娥鬼魂的控訴，終於審清此案，將貪官、張驢兒等一一正法。

本劇源於漢書于定國傳的東海孝婦，與干寶搜神記的東海孝婦事。而關氏也頗有增益的地方，故事結構也因增添了張驢兒父子而顯得更爲曲折。更重要的，在東海孝婦中，太守殺婦，只是不明眞相，在竇娥寃中，楚州太守便是一個貪贓枉法的汚吏了。當張驢兒拉着竇娥婆媳去告狀時，他對張驢兒下跪，門丁問他，他回答說：

「你不知道，但來告狀的，就是我衣食父母。」

所以，竇娥寃的故事雖有所出，但是關氏在創作這個劇本時，卻有濃厚的寫實意味，能充分反映元代異族統治下，流氓無賴的橫行，官府的黑暗，以及互相勾結，魚肉良民的殘暴。

除了對當時的官場，有非常濃厚的諷刺以外，個人還認爲關氏本劇，也表現了濃厚的倫理觀念，有些學者，把竇娥寃歸之於公案戲，然而公案戲的特徵，不免帶些神怪的色彩，而且還含有惡業相纏，人天報應的因果循環的宗教思想，以此來看竇娥的死，未免消極。

竇娥被迫到蔡家去做童養媳，一無怨言，是對他父親竇天章的愛。丈夫死了以後，立志守寡，誓不變節，是對她丈夫的愛，最後又不忍年老的婆婆受酷刑之苦，毅然決然地背負起死亡的「十字架」，是對她婆婆的愛。儒家的仁愛，浩然正氣，時窮節見，可以表現在爲國盡忠的文天祥身上，也可以表現在柔弱無依的竇娥身上，通常我們容易注意前者，而忽略了後者的偉大，實在是值得我們深思的。

再從蔡婆來看，她雖是一個放高利貸的婦女，但並沒有一般放債婆醜惡的形象，在楔子中她對竇天章說：

「親家，這不消你囑咐，令嬡到我家，就做親女兒一般看承他，你只管放心的去。」

可以說明她是一個善良慈祥的老太太，因此她之放高利貸，實在也可看作寡母孤子，一種不得已的營生。

所以，在竇娥冤的劇本中，作爲正面人物的兩個女性，實在是充滿溫柔敦厚的性格的。因此，與其說，這是一本公案劇，毋寧說這是一部表達孝義貞節的家庭倫理劇，來得更爲合理。

除了這兩個正面人物，其他幾個反面的角色，關漢卿也刻劃得非常生動，張驢兒父子本是無賴流氓，他們救蔡婆原爲取得更好的報酬，知道蔡婆家內，只有兩代寡婦，馬上就想起爸爸配婆婆，兒子配媳婦的絕招，以便財色雙收。並且對蔡婆加以威脅，若是不肯：

「賽盧醫的繩子還在，我仍勒死了你也。」

父子相比，張驢兒當然是更殘暴、潑皮和無恥的。能夠設計在羊肚湯內下毒，已可見他的惡性重大，但當害人反而害己，出乎意料之外地毒死了自己的父親，他第一個想到的，便是以此脅迫竇娥就範，否則便要送官究辦。父子親情，烟消雲散，他一腦子自始所想的，便是財、色二字，爲了達到目的，便什麼壞事都可以做，所以張驢兒實是橫行鄉里，無惡不作的甲級大流氓。

至於那個瀆枉法的太守，關漢卿也是着力加以描寫的，他對於來告狀的，下跪奉迎，但對於竇娥的寃屈，卻絲毫不加分辨，還吩咐差役說：

「人是賤蟲，不打不招。左右，與我選大棍子打着！」

元代入侵中國後，爲了壓制漢人的反抗，採用了極嚴厲的統治，地方官吏差不多都由蒙古人或色目人擔任，有時引用一些先淪陷的北方漢人（稱爲北人），擔任他們的副手，這種殘民以逞的高壓政治，實使漢人處在水深火熱之中，連一口大氣都喘不過來。擧例來說，光是成宗大德七（一三〇三）年，就發現貪官一萬八千四百七十三人，贓銀四萬五千八百六十五錠，寃獄五千一百七十六件（註三），可見駭人聽聞的程度。關漢卿筆下的楚州太守，實在是當時貪官汚吏的一個縮影。第四折中竇娥魂對竇天章的唱詞：

（鴛鴦煞尾）從今後把金牌勢劍從頭擺，將濫官汚吏都殺壞，與天子分憂，萬民除害。

正是道出當時漢人的心聲。

有些做壞事的小人，卻是被迫，或是由於自己的意志不夠堅定，或者是由於禁不起別人的威逼利誘，竇娥寃中的賽盧醫就是這樣一個典型人物。他借了蔡婆的高利貸，到時還不出錢來，就動了殺機，這種因一時衝動而要殺人，究與處心積慮的謀殺犯不同，所以過後他就後悔了。當張驢兒來要毒藥時，他還罵驢兒：

「誰敢合毒藥與你，這廝好大膽也。」

可是一經張驢兒的威脅，就忙着連聲說「有藥，有藥」了。等到事發之後，又不敢出首作證，乃至使得竇娥受冤屈而死。這種可憐的小人，雖未完全泯滅人性，卻常常做了巨奸大惡殺人的兇器。

竇娥冤在關漢卿的雜劇中，算是較晚期的作品，因此曲辭的精鍊、本色、賓白的生動、自然，幾乎爲近代學者所一致公認。尤其是關氏能巧妙地把曲辭和賓白兩者之間，和諧地連結起來，使得劇情更加緊湊，人物性格更加突出，扣緊了觀衆的心弦，終於達成最大的效果。

竇娥冤是一個悲劇，第三折竇娥含冤被斬，便是悲劇的最高潮，關氏在這一折裏，首先利用監斬官登場的簡單說白，接着劊子手押竇娥出場，催促快走，一開始就使情節拉緊了，竇娥出場，不用賓白，連唱兩支曲子：

(端正好)沒來由犯王法，不提防遭刑憲。叫聲屈動地驚天！頃刻間游魂先赴森羅殿，怎不將天地也生埋怨！

(滾繡球)有日月朝暮懸，有鬼神掌着生死權。天地也只合把清濁分辨，可怎生糊突了盜跖、顏淵？爲善的受貧窮更命短，造惡的享富貴又壽延。天地也做得個怕硬欺軟，卻原來也這般順水推船。地也，你不分好歹何爲地！天也，你錯勘賢愚枉做天！哎！只落得兩淚漣漣。

直把老天爺不會做天，還是塌了吧的心情，用生動的語言表達出來。其後利用劊子手與竇娥的問答，用一白一唱的形式，一呼一應，緊密結合，增加了悽慘悲傷的成分，把劇情推上了最高峯。相信此時此情，觀劇的觀衆，莫不爲之感動，而欲泣欲訴的。

狀元堂陳母敎子是關漢卿現存雜劇中另一個家庭劇，其故事的大意是：

宋代有個姓陳的宰相，是漢代名臣陳平的後代，不幸早逝。其妻馮氏通書知禮，育有三子一女。馮氏對敎育兒子，非常認眞，長子陳良資、次子陳良叟，聯科俱中狀元。第三科輪到三子陳良佐去考，僅中探花，狀元爲王拱辰奪得，馮氏於是把女兒陳梅香嫁給他。那一年馮氏過生日，一家子壻，除了陳良佐外，都是狀元，良佐在備受奚落之餘，發憤再去應試，果然奪得狀元。回家途中，途經西川綿州，當地父老，送他孩兒錦一段。良佐與匆匆回家，將孩兒錦獻給母親，不料馮氏以良佐尙未爲官，先受民財，有辱門聲，於是以杖叩之。事情爲寇萊公知悉，請旨榮封馮氏爲賢德夫人，吉慶團圓終場。

這個劇本，無論在主題、結構、曲文上，都不算是關氏傑出的作品。因此有些學者，推測關氏所以作此劇的意思，在於自己沒有狀元的銜頭，因而作此一門三元的雜劇，聊以自慰。因爲在金代之時，科名甚寬，到了元初，科擧就停止了，一直到仁宗皇慶二（一三一三）年才恢復，這其間沒有狀元的產生，達八十年之久。關氏不幸生在那個時代，憎命傷才，於是有本劇之作。

這種推測當然也不無道理。不過，平易地說，一個有幾十種作品的劇作家，實在不能要求他本本寫得出色的。以此眼光來看關氏本劇，就不會感到失望了。

再說，關漢卿的生活是與戲班分不開的，戲班自有很多比較俚俗的劇本，但有喜慶的口彩，爲一班觀劇人所欣賞的。則本劇很可能是關氏把戲班的此種本子，加以改編而成的了。

全劇很短，曲文以第三折較佳，普天樂一曲，描寫母子在得中後見面的心情，非常深刻。在赴考前，望子成龍，考完以後，則只要兒子平安回家，便是一件大喜事了。現在錄文於下，以作本小節的結束：

圪蹬蹬的馬兒騎，急颭颭的三簷傘低。我這裏忙呼左右，疾快收拾，他見我便慌下馬，他那裏躬身立。我見他便展脚舒腰那裏忙施禮，險些兒俺子母每分離。你孝順似那王祥臥冰，你恰似伯俞泣杖，哎！兒也，你勝強如兀那老萊子哎斑衣。

三、戀愛劇

關漢卿現存雜劇中，屬於戀愛劇的，也有兩本，一本是閨怨佳人拜月亭，故事是敍述金章宗時，男女於兵荒馬亂之中的戀愛傳奇：

蔣世隆偕妹瑞蓮逃難，王瑞蘭也奉母避難，在途中兄妹、母女，各相失散。因瑞蓮、瑞蘭音近，兩女尋聲找人，結果瑞蘭找到了世隆，瑞蓮找到了王母。世隆與瑞蘭在亂世中相遇，孤男寡女，於是結爲夫婦。其後瑞蘭遇到她的父親王尙書，王尙書怨女兒不告而嫁，於是強迫他們斷絕關係，並帶了女兒離開。父女兩人後來又與王母、瑞蓮團聚，一起到汴梁去。瑞蘭思念丈夫世隆，每晚在花陰下拜月祝禱，某夜祝禱時，終爲瑞蓮知悉，追問之下，正是自己的兄長。其後世隆得中狀元，其結義兄弟陀滿與福得中武狀元，於是世隆與瑞蘭，與福與瑞蓮，各結佳耦，團圓終場。

本劇素爲大家所看重，分析其原因，則在主題、結構、曲文方面，都有其過人之處。

主題方面，本劇雖以男女的戀愛爲主，但是所描寫的，乃是一對亂世男女，由互助、互信，終於達到互相了解，戀愛結合的地步。蔣、王間的戀愛，乃是患難之交的眞情流露，自與一般才子佳人私訂終身後花園者不同。

其次，這對患難夫妻，在結合後，又遭受波折，被王父活活地拆散。在瑞蘭來說，如果她是一個重財勢的女子，則很可能藉此擺脫在落魄中的丈夫，重新找一個有財有勢的郎君。但是瑞蘭並沒有這樣做，她自被逼分別開始，卽頻頻表示她堅貞的心志，絕不負情。到了汴梁，時時對月祝禱：「願天下心廝愛的夫婦永無分離，教俺兩口兒早得團圓。」所以說，王瑞蘭這種眞情是極可貴的。而關漢卿在本劇中所安排的主題，也是非常成功的。

在結構方面，關氏自開場逃難的場面起，安排的情節就非常緊湊，第二折夫妻被迫分離，已是一個十分動人的高潮，第三折拜月若是情節簡單，場面冷落，則勢必不能延續第二折這種迫人的氣氛，也就收不到完滿的戲劇效果。

於是關氏在拜月一折，特別安排了另一個女角瑞蓮的上場，利用一個少婦，和一個少女，兩者不同的心理，加上瑞蘭不願意別人知道的秘密，使得劇中的衝突，複雜和尖銳起來。

試看關氏把一個閨思的少婦，和一個懷春的少女，在各懷心事的情況下，互相脣槍舌劍，旗鼓相當的對答，一下子就拉緊了觀衆的情緒，使得瑞蘭把瑞蓮哄走，獨訴心事時，觀衆就不會覺得單調。實際上此時觀衆可能也抱着像瑞蓮同樣的心理，在一旁偷聽瑞蘭的心事呢！

等到心事訴完，瑞蓮再度上場，一切眞相大白，瑞蘭的怨恨，乃一古腦兒傾洩到那個嫌貧愛富的父親身上，終於使得觀衆憤憤不平的心情，也因而得到洗滌的作用。像關氏這種手法，對於後世的戲曲，很有啓示的作用，從元末明初的拜月亭傳奇開始，一直到現代的各個劇種，在此折中，莫不深受關劇的影響，而奉以爲圭臬的。

拜月亭的曲文，以前的學者對它都很推崇，認爲佳曲很多。現在摘錄幾曲如下：

（油葫蘆）分明是風雨催人辭故國，行一步一嘆息。兩行愁淚臉邊垂，一點雨間一行淒惶淚，一陣風對一聲長吁氣。嚥！百忙裏一步一撒，嗨，索與他一步一提。這一對繡鞋兒分不得幫和底，稠緊緊粘糠帶着淤泥。

這是第一折逃難中，對於景物跟情緒的描寫，把亂世淒涼的氣氛跟秋天的景色相結合，更襯托出流亡者心中的哀傷。有些曲文是採用比喻的語言，如第二折瑞蘭對她父親所唱：

（鬭蝦蟆）爹爹俺便似遭嚴臘久盼望，久盼望你個東皇，望得些春光豔陽，東風和暢。

當王父要活活地折散他們夫妻時，瑞蘭便忍不住痛聲疾呼：

無些情腸，緊揪住不把我衣裳放，見個人殘生喪一命亡，世人也慚惶。你不肯哀憐體恤，我怎不感嘆悲傷。

在第三折拜月中，有很多曲文，自然流暢，又極能表達劇中人的心理：

（滾繡球）女壻行但沾惹，六親每早是說。又道是丈夫行親熱，爺娘行特地心別。而今要衣呵滿箱篋，要食呵盡餔啜，到晚來更繡衾鋪設。我這心兒裏牽掛處無些，直睡到冷清清寶鼎沉烟滅，明皎皎紗窗月影斜，有甚脣舌。

把瑞蘭跟瑞蓮說話時，那種口不隨心，言不由衷的心情全部都表露了。

杜蕊娘智賞金線池，是敍述才子與妓女間的戀愛故事：

書生韓輔臣，到濟南去拜訪做府尹的好友石敏，在接風宴中遇見妓女杜蕊娘，兩心相悅，於是定情。其後石敏調任，蕊娘之假母本把蕊娘看作搖錢樹，於是用種種方法離間輔臣、蕊娘的感情，直至不相來往爲止。輔臣失戀，痛苦萬分，恰好石敏回任，便去訴苦。石府尹在金線池設酒，想使二人復合。但是蕊娘性格倔強，始終不肯。最後石敏假意要責打蕊娘，蕊娘害怕，去求輔臣說情，兩人終成眷屬。

就劇本來說，韓輔臣和杜蕊娘的相愛是眞心眞意的，唯一的衝突關鍵，卽是杜母，輔臣和蕊娘的失和，乃至蕊娘始終不肯原諒輔臣，跟他復合，完全是杜母一手造成。結果關漢卿並沒有安排解開杜母的結，而要用蕊娘在石府尹列杖擎鞭的威嚇下，老着臉皮去哀求輔臣，這無論如何是一個敗筆。

是不是關漢卿又趁此暗喻異族官吏施威，欺壓一個身份微賤的女子，以作爲強烈的諷刺呢？

假如是的話，這個諷刺是夠強烈的，但是破壞蕊娘這一個人物完整的性格，關氏所化費的代價未免太大了。不過，站在觀衆的立場，毋寧是不喜歡兩個眞心相愛的人各走極端，而以悲劇終場的，蕊娘最後終於屈服，使得有情人終成眷屬，團圓的心理，就得到滿足了。況且，石府尹要責打蕊娘，在觀衆心中，本是與輔臣串通的一齣戲，若是蕊娘心中也有數的話，變成三人合謀以對付杜母的喜劇了。因此，有些學者，因爲本劇收尾的喜劇性，而把它歸之風情劇的。

但是，從本劇的曲文來看，蕊娘雖是一個妓女，卻有一個貞節的性格，對愛情的執着，以及誤會輔臣負心以後的絕情，在在顯出她那種不可侵犯的尊嚴。如第三折中，蕊娘怒責輔臣的唱詞：

（要孩兒）我爲你逼綽了當官令，烟花簿上除抹了姓名。絕交了恠友狂朋，打併的戶淨門淸。試金石上把你這子弟每從頭兒畫分，兩等上把郞君子細稱。我立的其身正，倚仗着我潑天似名姓，愁甚麼錦片也似前程。

活活刻劃出蕊娘剛烈的性情。再說蕊娘雖是娼門中人，但對這職業，卻深惡痛絕到了極點：

（仙呂點絳脣）則俺這不義之門，那裏有買賣營運。無資本，全憑着五個字迭辦金銀：惡、劣、乖、毒、狠。

（混江龍）無錢的可要親近，則除是驢生戟角瓮生根。佛留下四百八門衣飯，俺占着七十二位兇神。纔定脚謝館接迎新子弟，轉回頭霸陵誰識舊將軍。投逩我的都是矜爺、害娘、凍妻、餓子、折屋、賣田，提瓦罐爻槌運。惡劣爲本，板障爲門。

這是第一折蕊娘的唱詞，元曲中罵娼門妓院的，可以說無過於此的了。由此也可見關氏的曲詞，眞能隨心所欲，要寫什麼，想寫什麼，就可以寫什麼。而且盡其極致，深刻達於極點。

由於蕊娘性格的特出，以及曲文義正辭嚴的表現，因此個人覺得，把本劇歸屬戀愛劇要比風情劇恰當些。

四、風情劇

關漢卿寫的風情劇，留下來的共有五本之多：詐妮子調風月、趙盼兒風月救風塵、錢大尹智寵謝天香、溫太眞玉鏡臺、望江亭中秋切膾旦。

風情劇也是寫男女間的戀愛，不過劇作者在處理這種題材時，通常帶有些滑稽詼諧的手法，態度不如戀愛劇之莊雅，情感也不如戀愛劇之熱烈。當然，兩者之間有時的界限很難分明，像上述金線池一劇，究屬戀愛還是風情，見仁見智，就有不同的看法。不過，若把戀愛劇和風情劇看作是一類題材的兩種手法，則可明顯地看出關氏對這類劇本的愛好與擅長。

詐妮子一劇的故事很簡單，敍述一個小千戶到親戚家去作客，結果跟侍婢燕燕發生了關係。其後小千戶又要跟這一家的小姐論婚，燕燕因愛生妒，百般阻撓，都不發生作用，最後終由小千戶答允，收燕燕做他的第二個夫人，才團圓收場。

這一個劇本，由於今存的本子科白不全，加上方言土語很多，如稱父母爲阿馬、阿者，很像是女貞的稱呼，可能關氏此劇即以定居中原的女眞人生活作爲題材的。由於科白不全，所以劇情顯得隱晦。

主角燕燕，是一個聰明的女婢，由於曲詞完整，我們很可以看到她整個的性格。她年青、活潑、任性、嬌憨，這一點與西廂記的紅娘很相似。但是她有個性，大膽，肯愛，敢愛。戀愛時溫柔體貼，把一切都奉獻給情郎。但等情郎言而無信，她就有勇氣摔碎另一個女子給情郎的信物：

（上小樓）我敢摔碎這盒子，玳瑁納子交石頭雜碎。剪了靴簷，染了鞋面，做鋪持。一萬分好待你，好覷你，如今刀子根底，我敢割得來粉合麻碎。

（哨遍）並不是婆娘人把你抑勒招取，那肯心兒自說來的神前誓。天果報，無差移，子爭箇來早來遲。限時刻十王地藏，六道輪回。單勸化人間世，善惡天心人意，人間私語，天聞若雷。但年高都是積善好心人，早壽夭都是辜恩負德賊。好說話淸辰，變了卦今日，冷了心晚夕。

這樣激烈的反應，則不是紅娘所具有的了。因此燕燕實是一個具有眞實血肉，而且把愛情視做生命的少女。

救風塵的故事則比較複雜：

周舍（舍是少爺的意思）、安秀實一起愛上妓女宋引章。宋的同伴趙盼兒勸她嫁給安，但是宋卻愛上了周而嫁給了他。但是婚後周常常虐待宋，盼兒知道以後，便假意引誘周，在酒後騙得周給宋的休書。然後盼兒跟宋一起逃走，周不甘心，追上他們，奪回休書撕掉，又告官說宋搶逃，那知盼兒早有準備，給周搶回的休書原是假的。因爲有眞休書在，這官司就打贏了，最後宋引章終於嫁給了愛她的安秀實。

劇中人物很多，個性也都顯明，描寫得最成功的，當然要推主角趙盼兒，她雖是一個妓女，但是極識大體，而且能夠慧眼鑒人，可說是一朶出汚泥而不染的白蓮。同時又不惜犧牲自己的色相，而把引章在水深火熱之中救了出來，足以代表下層社會的一種墨者精神。在救援引章的過程中，更表現了她的魄力和急智，這樣智勇兼備的女性，眞是跟「自古俠女出風塵」的聯語相合了。

在次要人物裏，秀實的眞情，引章的懦弱，也刻劃得相當動人，引章愛情的結局，正合着愛不如被愛來得幸福這句話。拿周舍與秀實比，無異的是周舍來得漂亮瀟灑，姐兒愛俏，這是很自然的，只有久墮風塵的趙盼兒才能深深了解，所以勸她說：

(勝葫蘆) 你道這子弟情腸甜似蜜。但娶到他家裏，多無半載相抛棄。早努牙突嘴，拳椎脚踢，打的你哭啼啼。

最後終於不幸言中。由此也可以看出，周舍實是代表一種浮滑大少的典型，虛僞、荒淫，喜新厭舊，以玩弄婦女爲能事。仗着自己的財勢，專門甜言蜜語誘騙女性，待勾引上了以後，就暴露他那種紈袴子弟的本性，不免拳打脚踢了。劇終關漢卿安排鄭州守李公弼判他杖脊六十，眞是大快人心。

在金線池一劇中，關氏曾敍述妓院的黑暗，可爲好冶遊者之戒，在本劇中則又深刻地寫出妓女的痛苦：

（商調集賢賓）咱收心待嫁人，早引起那話頭。聽的道誰揭債誰買休，他每待強巴劫深宅大院，便待折摧了舞榭歌樓。一個個眼張狂似漏了網的游魚，一個個嘴盧都似跌了彈的斑鳩。御園中可不道是栽路柳，好人家怎容這等娼優。他便初間時有些志誠，臨老也沒來由。

關漢卿以妓院生活做背景的雜劇不少，而在基本上他是痛恨這一種制度的。好人家的子弟，很容易在妓院中學壞了，甚至毀了一生的前途。反過來看，卻又有多少好人家的女子在火坑中生活着。任人宰割的，好不容易從了良，若是遇人不淑，則等於從一個火坑跳到另一個火坑。若不是盼兒的援救，引章便以墮入十八層地獄，永世不得超生了。因此妓院和賣淫的存在，只是讓一些人類的渣滓，老鴇、龜奴，取得不法的利益而已。這一點，關氏在他的雜劇中，是時時表露他的忿怒的。

本劇除了曲文本色自然外，說白尤其充滿機智生動，如第三折周舍怕休了引章後，盼兒仍不嫁他，於是要盼兒起誓，盼兒就說：

「周舍，你眞個敎我賭咒？你若休了媳婦，我不嫁你呵，我着堂子裏馬踏殺，燈草打折臁兒骨。你逼的我賭這般重咒哩！」

這樣的咒，還說是這般重咒，可見其機智及風趣。當周舍要買酒、買羊、買紅，準備婚禮時，盼兒馬上都說早就預備好了，還說：

「周舍，你爭什麼那，你的便是我的，我的就是你的。」

這兩句看似眞情實是迷湯的話，怎不叫周舍爲之心花怒放，進一步看，盼兒準備的充分，以及表現的狡獪和細致，在在都在此說白中表現出來。爲了騙得周舍的一紙休書，盼兒眞可以說把一切都準備好，只待周舍上鉤。周舍平時油嘴滑舌，說慣甜言蜜語，哄騙婦女，如今着了盼兒的道，豈不是一山還有一山高呢！

拿金線池跟本劇比較，雖都是妓女做主角，但金線池戀愛的氣氛較濃厚些，本劇則對嫖客、妓女刻劃得更具體、更形象一點。如第一折的（鵲踏枝）：

俺不是賣查梨，他可也逞刀錐，一個個敗壞人倫，喬作胡爲，出來一個個綽皮。（但來兩三遭，不問那廝要錢。他便道，這弟子敲鏝兒哩。）但見俺有些兒不伶俐，便說是女娘家要哄騙東西。

這是嫖客的嘴臉。再看第四折（慶東原），盼兒所唱對於妓女起誓的描寫，則更見潑辣生動：

俺須是賣空虛，憑着那說來的言咒誓爲活路。（怕你不信呵）走徧花街請妓女，那一箇不對着明香寶燭，那一箇不指着皇天后土，那一箇不賭着鬼戮神誅。若信着咒盟言，早死的絕門戶。

關氏曲詞的激厲，由此可見一斑。

在錢大尹智寵謝天香裏，關氏又彫塑了另一種婦女的形態：宋詞人柳永，跟開封府官妓謝天香相戀。後以上京趕考，於是將天香託付給好友開封大尹錢可。柳永去後，錢大尹覺得天香身爲官妓，長此迎新送舊，未免有辱柳永名聲。於是佯言收天香爲侍妾，以使天香在樂籍除名。三年之後，柳永得中狀元回來，以爲錢大尹負己之託，心中十分惱怒。後經錢大尹置酒邀飲，並命天香出堂相見，把經過情形說明，柳永、天香二人，始知錢大尹的苦心，雙雙拜謝不置。

在題材上，本劇有不合理的地方，譬如柳永狀元及第，便缺乏考證，而柳永在開封跟天香相愛，又說要上京趕考，不知開封正是北宋的京城。像這種地方，都是關漢卿沒有注意的地方，大略元代的戲劇，本有很多戲班的本子，寫作者沒有什麼學識，而關氏的作品，也有許多是將這種本子加以改寫，在故事上一仍其舊，遂有此種缺點。這也幾乎是元曲作家的通病，因此也不必獨責關氏了。

跟金線池、救風塵一樣，本劇的女主角，也是一個身世可憐的女孩子，墮落風塵，卻時時希望跳出火坑：

（油葫蘆）你道是金籠內鸚哥能念詩，這便是咱的比喻兒。原來這聰明越不得出籠時，能吹彈多比人每日常伺，擅歌謳多比人常差使。（咱會彈唱的日日官身，不會彈唱的到得些自在。）我怨那禮案裏幾箇令史，他每都是我掌命司，先將那等不會彈不會唱的除了名字，早知道則做箇啞猱兒。

她又會彈，又會唱，可說是個極聰慧的女孩子，但越聰慧，則名聲越大，越不容易脫籍，這是謝天香最害怕的事，也是她一見柳永，就肯傾心委身的原因，找一個好配的少年郎君，可以早早脫籍從良。

關漢卿在本劇中，曾刻意的描寫天香的才智。第二折錢可叫天香唱柳永的詞，其中有可可二字，犯了錢可的官諱，準備天香唱出這兩個字，便扣廳責她四十，使柳永不好再往她家去，但天香不僅把可可二字改成已已，而且整首詞改成齊微韻，使錢可不能打她。

在第三折，天香跟錢可的侍妾擲骰子，錢可令天香作一首詠骰的詩，天香順口便吟了出來：

一把低微骨，置君掌握中。
料應嫌點涴；拋擲任東風。

至於整個劇本的曲文，一如關氏其他的劇本，非常自然而生動，如第一折賺煞：

我這府裏只候幾曾閒，差撥無銓次，從今後無倒斷嗟呀怨咨。我去這觸熱也似官人行將禮數使，若是輕咳嗽便有官司。我直到揭席時來到家時，我又索趲些工夫憶念你。是我那唱清歌皓齒，是我那言談情思，是我那濕浸浸舞困袖梢兒。

這是柳永上京趕考後，天香自傷所唱的，把那種愈是紅顏，愈是薄命；愈是聰慧，愈是痛苦，那種無可奈何的嘆息，全部都從這支曲文中表露了出來。

溫太眞玉鏡臺的本事，出於世說新語假譎篇。故事的大意是：

翰林學士溫嶠，敎他的表妹劉倩英讀書寫字，並愛上了她。其後劉母托溫嶠找一門親事，溫嶠佯裝答應，待官媒上門，求親的卻是溫嶠自已，劉母不得已，只好把女兒嫁給他。婚後，倩英嫌溫嶠年老貌寢，不允與他圓房。有一天，王府尹奉旨設玳瑁宴，請溫嶠夫婦赴會，並說：「小官奉聖人的命，設此玳瑁筵，請學士夫人吟詩作賦。有詩的，學士金鍾飲酒，夫人揷金鳳釵，搽官定粉。無詩的，學士瓦盆裏飲水，夫人頭戴草花，墨烏面皮。」倩英着急了，要溫嶠做詩，詩成，倩英揷金釵，飲御酒，於是和溫嶠和好團圓。

本劇是一個末本，全劇由正末所扮的溫嶠主唱，因此一個年老貌寢，而又滿腹學問的老學士的形象，就比較顯明。至於劉倩英，在全劇中卻是一個配角，她年青，而又貌美。關漢卿曾借溫嶠的唱詞來形容倩英的美：

（六么序）兀的不消人魂魄，綽人眼光。說神仙那的是天上，則見脂粉馨香，環佩丁當，藕絲嫩新織仙裳。但風流都在他身上，添分毫便不停當。見他的不動情，你便都休強。則除是鐵石肝膽，也索惱斷柔腸。

（么）我這裏端詳，他那模樣。花比腮龐，花不成粧。玉比肌肪，玉不生光。………

倩英如此年青貌美，自然盼望能嫁一個如意郎君，不會把年老的溫嶠，看在眼內。從另一方面看，倩英雖被溫嶠設計騙了婚，生米已成熟飯，但她始終不肯跟他圓房，結婚了兩個月，始終連聲丈夫都沒出口，可見她性格的倔強。在關漢卿的處理手法，或許關氏認爲溫嶠雖然年老貌寢，但滿腹學問，不失爲一個合適的丈夫，因此才採用喜劇的手法，使之圓滿結局。否則，以溫嶠騙婚之不當，用詭計使一個沒有愛情的人嫁給自己，也很可能造成一個悲劇結局的。

全劇的結構，與關氏其他的劇本相比，似乎鬆懈了些。尤其是第一折的上半段，冗筆太多，跟情節的發展，沒有一點關係。因此淸代梁廷枏曲話，曾批評第一折溫嶠上場，自點絳唇起，連唱八曲，只將古今得志、不得志兩種人，舖敍比較，與本事沒半點關係，只覺得滿紙浮詞，令人生厭。這批評很中肯，關漢卿現存的劇本，近代學者加以分析硏究的很多，但對於本劇，則很少人加以注意，這也是合理的現象，我們不能因爲關漢卿是大戲劇家，就說他本本都好，折折都好，曲曲都好。假如這樣，便不免是盲目崇拜了。

不過以曲文而言，本劇的曲文也保持了關氏一定的水準，本色而流利，刻劃人物的心理，非常生動，描寫情節，卻又十分眞實。如第三折

(耍孩兒) 你少年心想念着風流配，我老則老爭多的幾歲。不知我心中常印着個不相宜，索將你百縱千隨：你便不歡欣，我只滿面兒相陪笑；你便要打駡，我也渾身兒都是喜。我把你看承的家宅土地，本命神祇。

把一個年老的丈夫，驕寵年青妻子的心理，刻劃得生動、流轉而又透闢。

（三煞）你攢着眉熬夜闌，側着耳聽馬嘶，悶心欲睡何曾睡？燈昏錦帳郎何在？香盡金爐人未歸。漸漸的成憔悴，還不到一年半載，他可早兩婦三妻。

這一支曲文，則把富貴人家的紈袴年青子弟，對待妻子的缺乏眞情實意，作了極深刻的描寫。倩英在第四折中的回心轉意，關鍵恐怕還是這幾支曲子吧。

望江亭中秋切膾旦是演譚記兒智救其夫白士中的故事，全劇大意如下：

潭州理官白士中，到淸安觀去探望他的姑姑白觀主，遇到新寡的譚記兒，貌美而才善，於是由白姑作媒，嫁給白士中，婚後一起到潭州上任。

有黠吏楊衙內，本想霸占譚記兒爲妾，聽到記兒已嫁的消息，心中十分惱恨，於是誣告白士中貪花戀酒，不理公事，奉旨帶了勢劍、金牌、文書，到潭州捉拿白士中正法。

士中的母親知道了此事，飛書去告訴士中。士中焦急萬分，但記兒則胸有成竹，已經想出了救夫的法子。楊衙內到潭州的路中，泊舟望江亭，記兒冒充一個漁家女，獻鱠勸飮。衙內見她生得美貌，不由喝得醺醺大醉，並被記兒騙走了勢劍、金牌和文書。

第二日，士中拿了勢劍、金牌，指斥楊衙內霸占漁家女爲妾之罪，楊無法分辨。其時，湖南都御史李秉忠知道了此事，奏知朝廷，將楊衙內革職，白士中則仍官原職。

譚記兒是個細心、鎭靜、聰明，而且有主見的婦人，關漢卿劇本中，處理這一類的女性角色，具有特長，使得她們都有顯明的形態，活生生有血有肉地呈現在觀衆眼前。和趙盼兒相比，她們同樣具有勇敢的精神，和正義的性格。雖然一個是妓女，一個是再嫁的寡婦，好像都不是名門閨女，但是她們所作所爲，莫不令人肅然起敬。關漢卿善於創造女性的角色，更善於創造那種在平凡中表現不凡，出汚泥而不染的女性，這眞是其他劇作家所及不上的地方。

我們還可以把譚記兒跟竇娥作一個比較，竇娥和記兒都是寡婦，但是他們走上不同的路途，竇娥矢志守節，跟蔡婆相依爲命，最後爲了蔡婆，還犧牲自己的生命，這種自負十字架的精神，實有一種宗教的胸懷。譚記兒守寡三年，然後改嫁，在當時的時代，寡婦改嫁往往被人卑視，所以記兒這種行爲，也需要最大的勇氣。了解這一點，卽可以知道記兒對於任何事情，都能當機立斷，遇事不會退縮。因此當丈夫有困難的時候，她就能勇敢地面對它。與竇娥相比，記兒可說是一個革命家。在第二折，白士中勸她說：「夫人，休要惹他（指楊衙內），則他是花花太歲。」記兒馬上說：

（十二月）你道他是花花太歲，要強迫的我步步相隨。我呵，怕什麼天翻地覆，就順着他雨約雲期。這樁事你只睜眼兒覷着，看怎生的發付他賴骨頑皮。

所以說，記兒實是一個能面對現實，分辨是非的女性。她能主宰自己的生活，當別人侵犯到她的幸福時，她能以牙還牙地給他還擊。怪不得當記兒動身去對付楊衙內後，白士中在背後稱讚她說：

「據着夫人的機謀見識，休說一箇楊衙內，一百箇楊衙內也出不得我夫人之手也。」

本劇的曲文，非常清麗。吳梅先生認爲關氏的曲，有醇有疵，像萬里黃河，泥沙俱下（註四）。但對本劇的曲文，非常贊賞，認爲俊語頗多，與他劇如出兩手。可見本劇曲文之佳，事實也是如此，像第一折村裏迓鼓：

我待學你這出家兒清靜，到大來一身散誕。難熬他這日月韶光似相隨相伴。俺也曾把世味親嘗，人情識破，怕什麼塵緣羈絆。俺如今罷掃了蛾眉，淨洗了粉臉，卸下了雲鬟，待甘心捱您這粗茶淡飯。

吳梅先生評它字字芳逸，眞是不錯。

五、公案劇

包待制三勘蝴蝶夢、錢大尹鬼報緋衣夢，都是屬於決疑平反的公案劇。現在先談蝴蝶夢，它的故事大意是說：

開封府尹包拯，某日夢見兩隻小蝴蝶墜入蛛網中，爲一大蝴蝶奮力救去。後來又有一對蝴蝶墜網，大蝴蝶雖見而不救。包氏醒後，甚覺奇怪。

中平縣解來人命案一件，一王姓老人爲葛彪打死，王氏的三個兒子金和、鐵和、石和，也合力把葛彪打死。包拯審問時，三子及其母都各認己罪，相爭不已。包拯許一人抵罪，其餘開釋。當定金和、鐵和時，其母皆不肯。定石和時，其母才許諾首肯。包拯覺得跟夢境之事，有點相合，於是委曲審問，方知金和、鐵和，是前妻所留，石和則爲其親生。包拯大爲感動，於是另以一死囚代罪，盡釋三子，並向朝廷上奏請旌。

在現存的關氏劇本中，關氏曾彫塑了兩個崇高的母親形象。陳母教子一劇中，陳母所表現的是嚴，本劇王母所表現的則是慈。比較起來，養子教而嚴，容易做到。對於前妻所留的兒子，與親生兒子，同等看待，便不容做到。犧牲自己的兒子，以搭救前妻之子，則是難上加難，幾乎是不可能做到的了。本劇王母的值得尊敬，其故在此。

試想，一個母親，愛她的子女，尤勝過愛她自己。子女有痛苦時，做母親的恨不能以身相代，現在兒子的生命，有了危險，自己不能代他一死，這是多麼的痛苦？而兒子的死亡，竟是自己爲了要保全別人的兒子而造成的，這種痛苦，眞可以說是超過常人所能忍受。從這一個角度來看，竇娥與王母都是爲人之所極難，其發揮人性的光輝是一樣的。進一步說，竇娥所忍，乃是一時之痛苦，一死百了，猶可說是慷慨赴死易。王母所忍，將是一生無窮的痛苦，白髮人送黑頭人，設若親子眞的被執行死刑，則王母以後將是活在一種怎麼樣的生活裏呢？

由此說來，王母比竇娥是更爲偉大的。本劇在這方面所表現的悲劇氣氛，也應該更濃厚的。當然，因爲本劇沒有在這方面特別強調，而結局也是圓滿收場，在這一點，就不如竇娥寃來得更有力、更動人了。

本劇還涉及包拯這一個清官。他是北宋名臣，性峭直清廉，貴戚顯宦、刻吏惡棍，對他都極為忌憚。當他任開封府尹時，京師傳說：「關節不到，有閻羅包老。」對他的稱頌，到如此的程度。因為如此，宋後的小說戲劇作者，便常拿他的故事，做為題材，或者拿別的公案，附會到他的身上去，以致小說戲劇，有關包氏的，便愈積愈多。

關氏對於元代異族統治下的貪官苛吏，是抱着非常痛恨的態度的，竇娥寃中對於楚州太守的刻劃，便是很好的說明。可是關氏劇中，盛稱包拯、錢可，卻都是宋的名臣。關氏拿他們做為清官的代表，如包之在本劇，與錢之在緋衣夢。關氏是不是另有一種深意在呢？個人認為這是一個非常值得玩味的問題。

關氏另一個公案劇，緋衣夢的故事比較離奇一點：

王閏香與李慶安是指腹為婚，後來李家窮了，王父就有悔婚的意思。但閏香情意深重，一夜，約慶安至後園，叫侍婢梅香持財物相贈。不料慶安來時，梅香已先被賊人裴炎殺死。王父將李慶安送官究辦，府尹錢可，將判「斬」字，但筆端為蒼蠅抱住，知道其中必有寃屈，請夢獄神，終得兇手姓名，捕之歸案，並判慶安、閏香成親，團圓結局。

本劇破案的關鍵，首在於要李慶安死刑時，筆端為蒼蠅抱住，使得錢可不能下筆。其次使慶安祈禱獄神，夢語中說出：「非衣兩把火，殺人就是我」。據以測出，非衣為裴，兩火為炎，然後拘捕裴炎歸案。這不免牽涉到神怪，劇情牽強，與關氏他作不同。就劇情論，這不是關氏成功的作品。趙景深讀關漢卿一文，又舉出本劇模擬的成分太多，如仙呂點絳唇：

天淡雲閑，幾行征雁，秋將晚，衰柳凋殘。

就是襲用白樸梧桐雨第二折中呂粉蝶兒：

天淡雲閑，列長空數行征雁，御園中夏景初殘，柳添黃……

因此認為是否關作，很有疑問。按近代學者，對本劇雖大多認為是關氏的作品，但平心而論，這不算是關氏好的作品，吳梅氏說關氏的雜劇，萬里黃河，泥沙俱下，則本劇可說是關劇中的泥沙吧。

六、歷史劇

在關漢卿現存的三種歷史劇中，最特出的當推關大王單刀會。本劇刻劃關氏的祖先——武聖關羽，一個非常鮮明的英雄形象，戲劇的效果是很大的。同時說明了關氏所創造的戲劇角色，雖以女性為多，但是對於鐵錚錚的男子漢，關氏同樣彫塑得非常出色，所謂能者無所不能，在關氏的戲劇中，正可得一證驗。

單刀會的故事大意是：

孫權令魯肅向劉備索還荆州，其時荆州為關羽鎭守，於是魯肅在江下設宴，請關羽過江相聚，乘席間以禮索還荆州，並在壁衣內暗藏甲士，假如關羽不允歸還荆州，則擊鐘為號，盡出伏兵以擒關羽，再乘荆州旣失主將，兵心必亂之際，領兵收復荆州。

結果，關羽得請函後，不帶兵馬，單刀赴會。席間，魯肅向關羽爭論，索還荆州，羽大怒，持刀欲斬魯肅，魯肅大懼，不及發動伏兵，而關羽已挾持魯肅乘馬馳至江邊，羽子關平率兵來迎，於是關羽平安還荆。

本劇所述關羽單刀赴會事，大多根據史實，稍加點染而成。大約在宋元之時，關羽在民間的偶像地位，已漸形成，所以本劇中不免有民間故事傳說的成分在內，因爲照正史的記載，魯肅並不是一個懦弱無用之輩。與關羽的辯難，義正辭嚴，關羽也往往爲之語塞。

關漢卿把關羽這一角色，彫塑得形象十分顯明，關羽接書，單人過江，充分表露了他的勇敢的性格，所謂泰山崩於前而色不變，正是關羽的大將本色，至於勇敢的背後，則是關羽磊落的胸懷。他在過江途中的唱詞：

（雙調新水令）大江東去浪千疊，引着數十人駕着這小舟一葉。又不比九重龍鳳闕，可正是千丈虎狼穴。大丈夫心烈，我覷這單刀會似賽村社。

（駐馬聽）水涌山疊，年少周郎何處也。不覺得灰飛烟滅。可憐黃蓋轉傷嗟，破曹的檣櫓一時絕。鏖兵的江水猶然熱，好教我情慘切。二十年流不盡的英雄血。

把關羽那種英勇、光明、磊落、威武的性格，十足地表現出來，尤其是「二十年流不盡的英雄血」一句，表現關羽勇往直前，氣吞山河的威勢，成爲千古的名句。

關羽的第二個特性，便是機智，與魯肅的對答，是一場旗鼓相當的外交戰，其激烈緊張，較之千軍萬馬，尤有過之。當魯肅以歷史的故事，說明應該歸還荊州時，他也同樣的以歷史故事，說明可以不還：

（沉醉東風）想着俺漢高皇圖王霸業，漢光武秉正除邪。漢獻帝將董卓誅，漢皇叔把溫侯滅。俺哥哥合請受漢家基業。

慷慨激昂，說得魯肅啞口無言。

關羽的第三個特性便是鎭定，他單刀過江，身入險地，要想全身而退，可以說是非常困難的。然而關羽鎭定地以魯肅做掩護，使得吳國的軍隊投鼠忌器，有所顧忌，趁此機會，安然回到江邊。

本劇中關羽還有一個特性，便是幽默。當關羽脫身回舟，放回魯肅時，還狠狠地譏刺他說：「說與你兩件事先生記者：百忙裏趁不了老兄心，急且裏倒不了俺漢家節。」

至於本劇的曲詞，淸人錢謙益有四個字：「發揚蹈厲」（註五）批評得非常中肯，前面所引幾段曲詞，已足夠做一證明。現在再引一段如下，以見一斑：

（上小樓）你道他兵多將廣，人強馬壯。大丈夫敢勇當先，一人拚命，萬夫難當。你道是隔着江，起戰場，急難親傍。我着那廝鞠躬，鞠躬送我到舡上。

威武鮮明的性格，發揚蹈厲的曲詞，可以想見該劇演出時的戲劇效果，一定是非常驚人的。

關漢卿所作有關桃園結義劉關張的雜劇，除了單刀會，還有劇本西蜀夢。此兩本現在都有傳本，使我們看到這三個在小說、戲劇上熟見的人物，在關氏筆下的形象，這是十分幸運的。

西蜀夢的故事很簡單：

關羽先在荊州戰死，張飛要爲其報仇，因爲操之過急，反而被人害死。劉備聞訊，哀痛不已，於是盡發西蜀之軍，爲關、張復仇。劉備朝夕哀悼，思念兩位弟弟。關、張英魂知情，於是同赴西蜀，與劉備夢中相會，感嘆不已。直至殘月西沉，曙色將臨，才雙雙作別而去。

本劇的今存本，只有唱詞，不分折數，沒有賓白、科諢，可能是當時坊間刋刻時刪易了的。對欣賞本劇來說，未免是一種損失。看唱詞的內容，也不是一人主唱，大略前半部是劉備所唱，下半部是張飛所唱。因此本劇實是以劉備、張飛作爲主角的。

劉備在悲悼兩個弟弟的死亡時，心中有說不盡的怨恨。這可以從他的唱詞中看出來：

（尾）殺的那東吳家死尸骸堰住江心水，下溜頭林流着血汁。我交的茜茜簑衣滿染的赤，變做了通江獅子毛衣。殺的他愍血淋離，交吳越托推。一霎兒番爲做太湖鬼，青鴉鴉岸兒，黃壤壤田地，馬蹄兒踏做搗椒泥。（第一折）

表現在張飛的曲詞中，也是那股積鬱難伸的怨氣：

（滾繡毬）官裏恨不休，怨不休。更怕俺不知你那勤厚，爲甚俺死魂兒全不相燃。敍故由，廝問候，想那說來的前呪，桃園中宰白馬烏牛。結交兄長存終始，俺伏侍君王不到頭，心暗悠悠。（第四折）

在喜歡用現實題材作爲表現方式的關漢卿，處理這樣的一本歷史劇，是否含有別的深意呢？這也是可能的。因爲元代以異族入主中國，在侵入時的殘殺，統治後的酷虐，史實具在。七百年後的我們，讀時猶不免爲當時的兇殘殺戮而髮指，何況是親歷其境的關氏。所以說，關氏借本劇以發洩他對蒙古人的忿恨，以及表示報仇雪恨的誓願，這實在是很合理的。

是不是因爲關氏在科白中有更露骨的暗喩，以至於使我們現在已看不到那些科白了呢？個人覺得，這也是很値得我們探討的問題。

鄧夫人哭存孝也是一本歷史劇，全劇大意是：

唐代末年，晉王李克用之義子李存孝破黃巢有功，本應以功鎭守潞州上黨郡。但存孝與李存信、康君立有隙，存信等乘克用酒醉，使其改令存信等鎭守潞州，而以存孝改守邢州。

存孝至邢州後，存信又矯令存孝改用原名安敬思。一面又在克用之前進讒，克用大怒，欲討平存孝。克用夫人劉氏遂親勸存孝，令其面見克用釋疑。

存孝來見克用，存信、君立又乘克用酒醉之際，亂命存孝五裂而死。

存孝死後，其夫人鄧氏大慟，執引魂旛前往痛哭。克用酒醒後，得知一切，大怒，也將存信、君立五裂，爲存孝報仇。

本劇是一個旦本，由正旦飾鄧夫人主唱全本。重心當然在哭夫這一折，不過其他各折，也有很激昂的曲詞，如第一折駡存信與君立二人：

（後庭花）與你一匹劣馬不會騎，我與你一張弓不會射。他比別人陣面上爭功效，你則會帳房裏閑坐的。喒可便委其實，你便休得要瞞天瞞地。你餓時節撾肉喫，渴時節喝骼水，閑時節打髀殖。醉時節歪唱起，醉時節歪唱起。

存信、君立兩個，什麼武藝本領也沒有，會的只是吹牛拍馬，卻最得李克用的歡心。鄧夫人這一段指的是存信、君立，罵的實是天下的小人。關漢卿在第一折借存信的口自罵：

「米罕整斤呑，抹隣不會騎。弩門並速門，弓箭怎的射。撒因答剌孫，見了搶着喫。喝的莎塔八，跌到就是睡。若說我姓名，家將不能記。一對忽刺孩，都是狗養的。」

可以說諷刺得淋漓痛快之至。本劇科白極多，是一大特色，而科白之中，往往有很好的警句。

本劇的結構，也有一點頗爲特出的地方，即一、二、四等三折，皆用正旦扮鄧夫人主唱，第三折則用正旦扮莽古歹主唱，與劉夫人二人，一問一唱，道出李存孝死的經過，在表面上，似乎撇下了主角鄧夫人，結構顯得較差，但個人認爲，有下面幾個原因，促使關漢卿這樣寫：

1.第三折若由鄧夫人主唱，則高潮提前，第四折就顯得乏力了，照關氏的寫法，則第四折到達高潮，劇力萬鈞，戲劇的效果便收到了。

2.若莽古歹與鄧夫人不用同一人扮（可能很大），則在這較長的劇本中，予主角一休息的機會，可以使她在第四折時，有更出色的演出。

3.李存孝的死，採用暗場的手法，使得忠臣之死，不公然暴露，比較不會引起觀衆的反感。

全劇的曲文也很本色，前面已引過一曲後庭花，現在再引鄧夫人哭夫時的一曲，作爲本節的結束：

（水仙子）我將這引魂旛，執定在手中搖。我將這骨殖匣，輕輕的自背着。則你這悠悠的魂魄兒無消耗。你可休冥冥杳杳差去了，忍不住忍不住痛哭嚎咷。一會兒赤留乞良氣，一會家迷留沒亂倒。天那！痛煞煞的心癢難撓。

七、結　論

關漢卿是元劇最偉大的作家，無論在作品的數量、題材的廣泛、結構的謹嚴、曲文的本色等等，都是其他作家所不能及的。王國維宋元戲曲史說：

「關漢卿一空倚傍，自鑄偉詞，而其言曲盡人情，字字本色，故當爲元人第一。以唐詩喻之，則漢卿似白樂天；以宋詞喻之，則漢卿似柳耆卿。明寧獻王曲品躋馬致遠於第一，而抑漢卿於第十；蓋元中葉以後，曲家多祖馬、鄭，而祧漢卿，故寧王之評如是，非篤論也。」

可知只要拋棄主觀的喜惡，而作一客觀的評析，則我們實無法否定關漢卿的偉大。如鄭騫先生關漢卿的雜劇一文，其結尾卽強調這一點，因爲在主觀的欣賞上，無論散曲、雜劇，他都偏愛馬致遠的作品；但在客觀的態度上，卻無法不對關作予好評。

關漢卿的劇本，最善於彫塑婦女的形象，在他現存的十四個劇本中，末本只占三本，其餘都是旦本。而且，根據關氏全部雜劇的名目推測，末本也並不會太多。至於關氏所刻劃的女性，類型也是非常多，而且都寫的個性顯明生動的。現在將現存關氏劇本中，所描寫的女性，列表於下以見一斑：

劇中人	劇名	身份	性格	劇本分類
竇娥	竇娥冤	少婦	貞烈	家庭劇
蔡婆	竇娥冤	老婦	懦弱	家庭劇
陳母	陳母教子	貴婦	賢德	家庭劇
王瑞蘭	拜月亭	少婦	堅貞	戀愛劇
蔣瑞蓮	拜月亭	少女	巧黠	戀愛劇
杜蕊娘	金線池	妓女	剛烈	戀愛劇
燕燕	詐妮子	丫環	嬌蠻	風情劇
趙盼兒	救風塵	妓女	智勇	風情劇
宋引章	救風塵	妓女	柔弱	風情劇
謝天香	謝天香	妓女	聰慧	風情劇
劉倩英	玉鏡臺	少女	倔強	風情劇
譚記兒	望江亭	少婦	機智	風情劇
王母	蝴蝶夢	老婦	仁慈	公案劇

王閨香	緋衣夢	少女	深情	公案劇
鄧夫人	哭存孝	少婦	剛貞	歷史劇
莽古歹	哭存孝	少女	公正	歷史劇

在曲文上，關漢卿是元劇作家中最本色的一個。幾乎完全都是口語，沒有一點文雅之氣。關漢卿運用本色的語言，很顯明刻劃出劇本中人物的個性，使他們栩栩如生。在元劇作家來說，差不多都能使用本色的語言，所以王國維認爲元劇之可貴，在於新文體中自由使用新語言。不過論到使用這種新語言最廣泛、最成熟，恐怕在元劇作家中，無人能及得上關氏了。

關漢卿劇本的主題，在當時來說，也是極富有時代精神的，他敢於從各種角度，來暴露社會的一切黑暗，尤其是異族統治之下，對於漢族的種種不平等和苛政，他都會在劇本中加以猛烈的抨擊和諷刺。這樣的劇本，無異是觀衆當時所最歡迎的，漢人在蒙古人、色目人的欺壓下，如在水火之中，關氏的雜劇，不僅給予他們娛樂，而且道出他們的心聲，爲他們不平，也爲他們伸寃。關氏劇本肯把握現實的題材，也是他成爲元劇偉大作家的一個主因。

關漢卿是劇壇的通才，能演善導。他的生活，可以說跟劇團，發生不可分割的關係。因此，在他編劇本時，往往便會想到，觀衆要看什麼？舞臺需要什麼？因此，他的劇本，結構緊湊，時時吸引觀衆的興趣，所謂動人心絃，就是指此。因此，關漢卿的劇本，切合舞臺需要，淺近通俗，曲詞自然本色，並不是表現他個人的才華。所以，關氏的劇本，眞是有血有肉有笑有淚的舞臺劇，而不是徒供案首的文人劇。

註一　本名關漢卿，見中國文學史論集㈢。後易名關漢卿的雜劇，收於景午叢編

註二　趙氏有元人雜劇輯逸，民國二十四年十二月北新書局出版。民國四十四年，趙氏對原編增删出版，改稱元人雜劇鉤沈。

註三　見元史卷二十一成宗本紀四。

註四　見吳梅望江亭跋

註五　見錢謙益重編義勇武安王集。

第三節　關漢卿的散曲

關漢卿的散曲，大部分保存在楊朝英編的陽春白雪和太平樂府中。任訥所輯「元四家散曲」，輯得漢卿小令四十一首，套數十一套。隋樹森全元散曲輯得較多，計有小令五十七首，套數十三套。不過其中據樂府羣珠所輯的十六首中呂普天樂小令，可能不是關作，隋氏按語云：「右普天樂崔張十六事，往往檃括西廂記雜劇語，題關漢卿作，殊可疑。」隋氏自己也在懷疑。另外據南宮詞紀和詞林白雪所輯的仙呂桂枝香套，隋注云：「南宮詞紀題作秋懷，注亡名氏作，詞林白雪屬閨情類，注關漢卿作，然此爲南曲，殊可疑。」這套套曲也可能不是關作。總計起來，

關漢卿所遺存的散曲也不過五十幾首。

關漢卿散曲的內容，以寫情的爲多，其次是抒發自我的作品，從這些作品裏，很可以看出他的性格來。還有一些寫物、寫人的作品，也都寫的很好。他的散曲的風格，以淸麗爲主，善於以婉麗的手法，抒寫男女的情懷，表現的非常深刻細膩。另外也有些作品是豪辣灝爛的，很能表現出本色。後人對關漢卿的散曲，評價甚高，像梁乙眞評說：「他的散曲的作風，頗異於他劇曲的作風。他的劇曲以雄奇排奡見長，極汪洋恣肆感慨蒼涼之致；但他的散曲，卻以婉麗見長，然有時亦非常的豪辣灝爛。（元明散曲小史第一章）。劉大杰說：「他的散曲雖不多，但在前期的散曲史上卻有重要的地位。他的重要處，是在他的極少數的精彩作品裏，最能表現出曲的本色精神。」（中國文學發展史第四十九章）。可見關漢卿的散曲，遺存作品雖不多，可是在散曲壇上仍佔極重要的地位。

現在我們來把他的散曲加以分析和品評。

一、描寫自我的作品

關漢卿有一套南呂一枝花，標題不伏老，可說是他的生活和人格的自白。

「（南呂一枝花）攀出牆朶朶花，折臨路枝枝柳。花攀紅蕊嫩，柳折翠條柔。浪子風流，憑着我折柳攀花手，直煞得花殘柳敗休。半生來折柳攀花，一世裏眠花臥柳。

（梁州）我是箇普天下郎君領袖，蓋世界浪子班頭，願朱顏不改常依舊。花中消遣，酒內忘憂。分茶攧竹，打馬藏鬮。通五音六律滑熟，甚閑愁到我心頭。伴的是銀箏女銀臺前理銀箏笑倚銀屏，伴的是玉天仙携玉手並玉肩同登玉樓，伴的是金釵客歌金縷捧玉甌。你道我老也，暫休。占排場風月功名首，更玲瓏又剔透。我是箇錦陣花營都帥頭，曾翫府遊州。

（隔尾）子弟每是箇茅草岡沙土窩初生的兎羔兒乍向圍場上走，我是箇經籠罩受索網蒼翎毛老野鷄蹅踏的陣馬兒熟。經了些窩弓冷箭鑞槍頭，不曾落人後。恰不到人到中年萬事休，我怎肯虛度了春秋。

（尾）我是箇蒸不爛煮不熟搥不匾炒不爆響璫璫一粒銅豌豆，恁子弟每誰教你鑽入他鋤不斷斫不下解不開頓不脫慢騰騰千層錦套頭。我翫的是梁園月，飲的是東京酒，賞的是洛陽花，攀的是章臺柳。我也會圍棋會蹴踘會打圍會插科，會歌舞會吹彈會嚥作會吟詩會雙陸。你便落了我牙歪了我嘴瘸了我腿折了我手，天賜與我這幾般兒歹症候，尚兀自不肯休。則除是閻王親自喚，神鬼自來勾，三魂歸地府，七魄喪冥幽，天哪，那其間纔不向烟花路兒上走。（不伏老套數）

由這套曲，我們可以知道，關漢卿在元代「不屑仕進」，而寄情於詩酒聲伎，遊戲於烟花柳街，過着浪漫不羈的生活。他自認是「普天下郎君領袖，蓋世界浪子班頭」、「錦陣花營都帥頭」、他「半生來折柳攀花，一世裏眠花臥柳」，同時到處「翫府遊州」，這就是他生活的實況，我們看他在風月場中打滾兒，所有當時流行的娛樂技藝他都精通，他整天「分茶攧竹，打馬藏鬮」，他「通五音六律滑熟」，他會圍棋、蹴踘、打圍、插科、歌舞、吹彈、嚥作、吟詩、雙陸等，眞可說是多才多藝。

我們看他的人生觀，可說是非常灑脫，也可說有點遊戲人間的意味。他自己說：「你便是落了我牙歪了我嘴瘸了我腿折了我手，天賜與我這幾般兒歹症候，尙兀自不肯休。」又說：「則除是閻王親自喚，神鬼自來勾。三魂歸地府，七魄喪冥幽，天哪，那其間纔不向烟花路兒上走」，這眞有點玩世不恭的樣子。

我們看他的性格，表現得非常倔彊，他自認「是箇蒸不爛煮不熟搥不匾炒不爆響璫璫一粒銅豌豆」，這也表現他是一個很有骨氣的人。

這套曲寫來痛快淋漓，極盡情緻，風格可稱是「豪辣灝爛」的。修辭技巧非常老練，曲中用的襯字特別多，句子有的又特別長，非但不顯得冗雜，反倒增強情意表達的效果。用語非常通俗，純粹是元曲的本色。任訥稱讚這套曲說：「奇情異彩，元代無兩。其黃鍾煞一調，有以二十許字作一句讀者，眞奇文也。」（曲諧卷三）所言甚是。

二、抒發隱退思想的作品

關漢卿本是一位不屑仕進的人，他所過的生活，就是隱退的浪蕩生涯。在他的散曲裏，他也高唱跳出紅塵，擺脫名利，去過田園生活，去享受山水自然的樂趣。他這一類的曲有六首小令和一首套曲。

「意馬收，心猿鎖。跳出紅塵惡風波，槐陰午夢誰驚破。離了利名場，鑽入安樂窩，閑快活。」(南呂四塊玉閑適三)

這首曲勸人收起心猿意馬，跳出紅塵風波，離開利名場，鑽入安樂窩，這樣才會清閒快活。這是元代曲家一般的想法，也是他們所嚮往的生活。這首曲寫得樸質自然，文辭也很通俗。

「南畝耕，東山臥。世態人情經歷多，閑將往事思量過。賢的是他，愚的是我，爭甚麼?」(南呂四塊玉閑適四)

這首曲勸人別論賢愚，只要自己過着田園生活，閒逸適志，就是快活的了。這首曲文辭也很通俗。

「吹一箇，彈一箇，唱新行大德歌，快活休張羅，想人生能幾何，十分淡薄隨緣過，得磨陀處且磨陀。」(雙調大德歌六)

這首曲一般都以爲關漢卿在元成宗大德初年所寫。曲中強調人生幾何，當淡薄隨緣而過，吹彈歌唱，樂得逍遙，這也是表現隱逸思想的作品。

「舊酒投，新醅潑。老瓦盆邊笑呵呵，共山僧野叟閑吟和。他出一對鷄，我出一箇鵝，閑快活。」(南呂四塊玉閑適二)

田。這是描寫山林隱居生活情趣的作品，同山僧野叟飲酒吟詩，相互唱和，眞是閒情雅興，快活之極。這首曲充滿樸實和樂的氣息，把鄉居生活的情趣完全表現出來。

「秋景堪題，紅葉滿山溪。松徑偏宜，黃菊繞東籬。正清樽斟潑醅，有白衣勸酒杯。官品極，到底成何濟。歸，學取淵明醉。」（雙調碧玉簫九）

這首曲寫秋日賞菊飲酒的雅境。首四句對秋景的描寫，清新雅緻。接着寫藉秋日佳景清酌暢飮，自得其樂。末尾感歎世人追求功名，到頭來終是一場空，不如學取陶淵明歸隱田園，醉中取樂。這首曲文辭清麗，意境飄逸，爲關漢卿散曲中的上品。

「（雙調喬兒）世情推物理，人生貴適意。想人間造物搬興廢，吉藏凶凶暗吉。（夜行船）富貴那能長富貴，日盈昃月滿虧蝕。地下東南，天高西北，天地尙無完體。（慶宣和）算到天明走到黑，赤緊的是衣食。鳧短鶴長不能齊，且休題，誰是非。（錦上花）展放愁眉，休爭閒氣。今日容顏，老如昨日。古往今來，恁須盡知。賢的愚的，貧的和富的。（么）到頭這一身，難逃那一日。受用了一朝，一朝便宜。百歲光陰，七十者稀。急急流年，滔滔逝水。（清江引）落花滿院春又歸，晚景成何濟。車塵馬足中，蟻穴蜂衙內，尋取個穩便處閒坐地。

（碧玉簫）烏兎相催，日月走東西。人生別離，白髮故人稀。不停閒歲月疾，光陰似駒過隙。君莫癡，休爭名利。幸有幾杯，且不如花前醉。

（歇指煞）恁則待閒熬煎閒煩惱閒縈繫，閒追歡閒落魄閒遊戲。金鷄觸禍機，得時間早棄迷途，繁華重念簫韶歇，急流勇退是歸計。采蕨薇洗是非，夷齊等巢由輩。這兩箇誰人似得，松菊晉陶潛，江湖越范蠡。」（雙調喬牌兒）

這套曲對人世間的吉凶禍福，興廢消長，有驚醒性的啓示。光陰易逝，富貴難久長，爲爭名利而勞苦，倒不如清閒自醉來得合宜，前面的喬牌兒、夜行船、慶宣和和錦上花幾支曲，都是提醒人莫爭是非，勿論貧富，到頭來終是難逃一死，「受用了一朝，一朝便宜。」是非常灑脫的看法。接下來清江引一曲，叫人在車塵馬足，蟻穴蜂衙當中，尋找個穩便處閒坐地，也就是叫人從塵網中跳脫出來。再下來碧玉簫中，又是勸人休爭名利，且求取花前酒醉，以自行解脫。末尾更勸人早些急流勇退，學那些隱逸之士，遨遊山野江湖，以求自適。這套曲有濃厚的隱逸思想，而表現的風格却是清新雅麗。

三、描繪景物的作品

關漢卿生活浪漫，喜歡到處遊惹，因此也有些作品是描寫景物的，計有小令六首，套數一套。

「四時春富貴，萬物酒風流。澄澄水如藍，灼灼花如綉。」（正宮白鶴子一）

「花邊停駿馬，柳外纜輕舟。湖內畫船交，湖上驊騮驟。」（二）

「鳥啼花影裏，人立粉牆頭。春意兩絲牽，秋水雙波溜。」（三）

「香焚金鴨鼎，閑傍小紅樓。月在柳梢頭，人約黃昏後。」（四）

這四首是寫春景的，在景物之中，襯以人的活動，寫出悠閒雅靜的生活情趣。第一首指出春的可貴，酒更風流，對着美花澄水，清斟樂賞，實在有一種雅趣。第二首寫花前柳下和湖中岸邊的景色，以及在美景中閒遊的情況，文辭非常雅麗。第三首寫人立牆頭賞玩景物，同時也道出閨中女子心中的情思。第四首寫閨中女子在夜晚靜候意中人的情景，境況非常幽雅，情意非常深濃，文辭也整麗動人。

「雪粉華，舞梨花，再不見烟村四五家。密灑堪圖畫，看疎林噪晚鴉。黃蘆掩映清江下，斜攬着釣魚艖。」（雙調大德歌五）

這首曲描寫大雪紛飛，有如梨花飄舞，遮蓋了烟村人家。疎林晚鴉頻噪，江邊釣艖獨攬，一副冷寂景象，但也是一幅幽雅的畫面。

「（南呂一枝花）普天下錦綉鄉，寰海內風流地。大元朝新附國，亡宋家舊華夷。水秀山奇，一到處堪遊戲。這答兒忘富貴，滿城中綉幕風簾，一鬨地人烟湊集。

（梁州）百十里街衢整齊，萬餘家樓閣參差，並無半答兒閑田地。松軒竹徑，藥圃花蹊。茶園稻陌，竹塢梅溪。一陀兒一句詩題，行一步扇面屏幃。西鹽場便似一帶瓊瑤，吳山色千疊翡翠，兀良望錢塘江萬頃玻璃。更有清溪，綠水，畫船兒來往閑遊戲。浙江亭緊相對，相對着險嶺高峯長怪石，堪羨堪題。

（尾）家家掩映渠流水，樓閣崢嶸出翠微，遙望西湖暮山勢。看了這壁，覷了那壁，縱有丹青下不得筆。」（杭州景）

這套題作「杭州景」的曲，因曲文中有「大元朝新附國，亡宋家舊華夷」句，一般認爲寫作時代應在宋亡（西元一二七九）後不久，元朝在至元十三年（一二七六）攻下杭州，據元史伯顏傳所記，當時雖有過小的騷動，但很快就安定下來，所以杭州並沒有受到嚴重的破壞。關漢卿這套曲，對杭州景物的勝美，市面的繁華，遊人的湊集，都有很精細的描寫，這跟實際情況並沒有不符。因爲宋亡之後，杭州很快就恢復以前的熱鬧繁華了。關漢卿遊杭時已是六十多歲，或將近七十歲的晚年。由這套曲，我們可以了解，杭州在當時是江南的勝地，風景優美，市容堂皇富麗，同時也是文人才士遨遊會聚之所。這套曲文辭華美，氣勢明暢。

四、描寫人物的作品

關漢卿對女子的生活，情態以及心理變化等，觀察入微，分析縝密，在散曲中也有些作品是專門描寫女子的，計有小令五首，套數二套，都寫得活潑生動。

「紅袖輕揸，玉筍挽秋千。畫板高懸，仙子墜雲軒。額殘了翡翠鈿，髻鬆了荷葉偏。花徑邊，笑撚春羅扇。搧、玉腕鳴金釧。」（雙調碧玉簫八）

這首曲是寫女子在園中盪秋千的情景。對女子盪秋千的情態寫得非常細膩，非常生動。「額殘」、「髻鬆」寫出盪過秋千後的殘粧，格外生動。「笑撚春羅扇」句，更是活潑撩人。這首曲情調輕鬆活潑，意趣也很高雅。

「笑語喧嘩，牆內甚人家。度柳穿花，院後那嬌娃。媚孜孜整絳紗，顫巍巍插翠花。可喜煞，巧筆難描畫。他，困倚在秋千架。」（雙調碧玉簫十）

這首曲寫春時女子在後院花柳中嬉戲的情景，對女子情態有生動的描寫，情境表現活潑生動，風格非常清新。

「（越調鬬鵪鶉）揚步那踪，趨前退後。側脚傍行，垂肩軃袖。若說過論搽頭，賺答扳摟。入來的掩，出去的兜。子要論道兒着人，不要無拽樣順紐。

（紫花兒）打的箇桶子膁特順，暗足窩粧腰不揪，拐回頭。不要那看的每側面，子弟每凝眸。非是我胡謅，上下泛前後左右瞅。過從的圓就，三鮑敲失落，五花氣從頭。

（天淨沙）平生肥馬輕裘，何須錦帶吳鉤。百歲光陰轉首，休閑生受。嘆功名似水上浮漚。

（寨兒令）得自由，莫剛求，茶餘飯飽邀故友。謝館秦樓，散悶消愁，惟蹴踘最風流。演習得踢打溫柔，施逞得解數滑熟。引脚躡龍斬眼，擔搶拐鳳搖頭。一左一右，折疊鶻勝遊。

〔尾〕錦纏腕葉底桃鴛鴦扣，入腳面帶黃河逆流。白打賽官場，三場兒盡皆有。」（女校尉一）

這一套曲描寫女校尉蹴踘場中英勇活動的情景，對女校尉身手的敏捷，活動的輕靈以及技藝的純熟，都有生動的刻劃。曲中更感歎功名如水上浮漚，不如三五知友散悶消愁，來做蹴踘戲樂，有一種諷諭的意味。這套曲文辭非常通俗，雜有一些當時的俗語，對描寫當時流行的技藝，很可以收表達的效果。

五、贈人的作品

關漢卿有一套南呂一枝花，是寫來贈送當時名妓朱簾秀的。這位歌妓，原姓朱，樂名珠簾秀（「秀」亦作「綉」），色藝俱佳，名噪一時，許多曲家都跟她有來往，像王惲、盧摯、胡祇遹和馮子振都是入幕之賓，盧、胡也都有贈曲給朱。我們由這套曲可以看出關漢卿對這位歌妓是非常讚賞的。

「〔南呂一枝花〕輕裁蝦萬鬚，巧織珠千串。金鈎光錯落，綉帶舞蹁躚。似霧非烟，粧點就深閨院，不許那等閒人取次展。搖四壁翡翠濃陰，射萬瓦琉璃色淺。

〔梁州〕富貴似侯家紫帳，風流如謝府紅蓮。鎖春愁不放雙飛燕。綺窗相近，翠戶相連。雕櫳相映，綉幕相牽。拂苔痕滿砌榆錢，惹楊花飛點如綿。愁的是抹回廊暮雨蕭蕭，恨的是篩曲檻西風剪剪，愛的是透長門夜月娟娟。凌波殿前，碧玲瓏掩映湘妃面，沒福怎能夠見。十里揚州風物妍，出落着神仙。

（尾）恰便似一池秋水通宵展，一片朝雲盡日懸。你箇守戶的先生肯相戀。煞是可憐，則要你手掌兒裏奇擎着耐心兒捲。」（贈朱簾秀）

當時贈曲習慣，多在曲中嵌入妓名，此曲中「巧織珠千串」、「綉帶舞蹁躚」，正是嵌用「珠綉」二字。而這套曲所詠的又正是「簾」。這套曲對名妓生活環境的富麗豪華，以及她風姿的綽約妍麗，都有動人的描寫。文辭妍麗工整，巧意修飾，是精心之作。

六、描寫情愛的作品

關漢卿對於寫情，是最爲擅長的，他的散曲也以這方面的作品最爲精彩，寫起來生動自然，尖新爽利。這類作品共有小令六首，套數一套。

「碧紗窗外靜無人，跪在牀前忙要親，罵了箇負心回轉身。雖是我話兒嗔，一半兒推辭一半兒肯。」（仙呂一半兒題情二）

關漢卿有四首一半兒題情的作品，每首都寫的很好。這首曲用通俗的言語，寫出眞摯的情意。對女子的情態和心理，都刻劃得深刻而又生動。尤其男女幽會時那種親蜜而又羞澀的動作，以及表面推辭而內心暗喜的心理，描摹得非常逼眞。

「多情多緒小寃家，迤逗得人來憔悴煞。說來的話先瞞過咱。怎知他，一半兒眞實一半兒假。」（一半兒題情四）

這首曲對女子被迤逗的情態有生動的描寫，文辭也很通俗，表達的情意卻很深刻。

「你性隨邪，迷戀不來也。我心癡呆，等到月兒斜。你歡娛受用別，我淒涼爲甚迭。休說謊，不索尋吳越。喒、負心的敎天滅。」（雙調碧玉簫五）

這首曲，描寫女子等待情人幽會，可是男子卻失約未來。曲中對女子焦慮苦待的心情，以及埋怨責怪的口氣，都寫得很生動。

「席上樽前，衾枕奈無緣。柳底花邊，詩曲已多年。向人前未敢言，自心中禱告天。情意堅，每日空相見。天，甚時節成姻眷。」（碧玉簫六）

男女柳底花邊詩曲多年，但仍未能成姻眷。這位女子雖然情意堅，卻不敢向人道出，祇有暗自禱告上天。這首曲對女子的眞情愛意以及焦慮的心理，都表達的很生動。

「（雙調新水令）楚臺雲雨會巫峽，赴昨宵約來的期話。樓頭棲燕子，庭院已聞鴉。料想他家，收針指晚粧罷。

（喬牌兒）款將花徑踏，獨立在紗窗下。顫欽欽把不定心頭怕。不敢將小名呼咱，則索等候他。

（雁兒落）怕別人瞧見咱，掩映在酴醾架。等多時不見來，則索獨立在花陰下。

(掛搭鈎)等候多時不見他，這的是約下佳期話。眞不是貪睡人兒忘了那，伏塚在藍橋下。意懊惱卻待將他罵，聽得呀的門開，驀見如花。

(豆葉黃)髻挽烏雲，蟬鬢堆鴉。粉膩酥胸，臉襯紅霞。裊娜腰肢更喜恰，堪講堪誇。比月裏嫦娥，媚媚孜孜，那更撑達。

(七弟兄)我這裏覓他，喚他。哎女孩兒，果然道色膽天來大，懷兒裏摟抱着俏寃家，揾香腮悄語低低話。

(梅花酒)雨情濃，興轉佳。地權爲牀榻，月高燒銀蠟。夜深沈，人靜悄，低低的問如花，終是箇女兒家。

(收江南)好風吹綻牡丹花，半合兒揉損絳裙紗。冷丁丁舌尖上送香茶，都不到半霎，森森一向遍身麻。

(尾)整烏雲欲把金蓮屧，紐回身再說些兒話。你明夜箇早些兒來，我專聽着紗窗外芭蕉葉兒上打。」

這是一套描寫男女私下幽會偸情的曲，寫的生動活潑。梁乙眞說：「新水令描寫癡情男女的幽會，也極風流豔冶之至，已開沈青門(仕)『唾窗絨』的先路了。」(元明散曲小史第一章)這套曲文辭非常通俗，用的純是口語，自然而又和諧。描繪的手法雖是白描，但刻劃得卻非常生動細膩，曲中對男女幽會時的焦急、羞怯、喜樂、沉迷以及熱情大膽等種種情態，都描繪得很精彩；對男女的心理的變化，也刻劃得細膩入微。劉大杰評說：「用白描寫實的手法，用大膽而又深刻的筆力，把那一對私會的男女的心理動作，以及各種情態，得到了最活躍最成功的表現，可算是繪聲繪影，曲盡其妙了。」（中國文學發展史第二十二章）這類題材是關漢卿最能把握的，這套曲可說是他的成功之作。

七、描寫閨思別情的作品

這一類作品也是關漢卿最擅長的，寫的最好的，而且作品數量也很多，計有小令十四首，套數五套。

「咫尺的天南地北，霎時間月缺花飛。手執着餞行杯，眼閣着別離淚。剛道得聲保重將息，痛煞煞教人捨不得。好去者望前程萬里。」（雙調沈醉東風一）

這首曲描寫離別時女子的情態和心理，深婉而又痛切，即將別離的痛苦，難以割捨的心情，以及祝福的期盼，表現得多麼純眞，多麼誠摯。鄭振鐸稱道：「直是最天眞最自然的情歌。」（挿圖本中國文學史第四十九章）梁乙眞說：「像這樣的曲，還不是最天眞的情歌嗎？柳永的『執手相看淚眼，無語凝咽（雨霖鈴）』不能專美於前了。」（元明散曲小史第一章）可見這首曲是很受人稱賞的。

「自送別，心難捨，一點相思幾時絕，凭闌袖拂楊花雪。溪又斜，山又遮，人去也。」（南

呂四塊玉別情）

這也是描寫別離時的情懷的，情意纏綿，文辭雋美，是一首優美的作品。

「俏冤家，在天涯，偏那裏綠楊堪繫馬。困坐南窗下，數對清風想念他。蛾眉淡了教誰畫，瘦巖巖羞戴石榴花。」（大德歌夏）

這首曲由閨中思婦的想像，作對比式的描繪。一方是思婦想像遠行人不知在天涯何處停踏，一方寫閨中思念的心情。「數對清風想念他」，見出思念之殷：「蛾眉淡了教誰畫」，語甚俏麗，也可看出情意之深。

「盼斷歸期，劃損短金篦。一搦腰圍，寬褪素羅衣。知他是甚病疾，好教人沒理會。揀口兒食，陡恁的無滋味。醫，越恁的難調理。」（碧玉簫三）

「劃損短金篦」，可見盼念之切，「一搦腰圍」，可見思念之苦。以下數句，也都是表現相思的深刻和愁苦的。文辭很清麗，情意表現的很凄楚。

「別離易，相見難，何處鎖雕鞍。春將去，人未還。這其間，殃及殺愁眉淚眼。」（商調梧葉兒）

周德清中原音韻十定格選了這首曲，評說：「如此方是樂府，音如破竹，語盡意盡，冠絕諸詞。『這其間』三字承上接下，了無瑕疵。『殃及殺』三字，俊哉語也。」王世貞曲藻評「這其間，殃及殺愁眉淚眼」為「情中悄語」。可見這首曲寫相思之情，是非常深刻的。一開頭「何處鎖雕鞍」一句，詞雖淡而情卻深，正道出其隨征人遠繫的心思。「殃及殺」一句，更道出其思念之切，哀愁之深。

「憂則憂鸞孤鳳單，愁則愁月缺花殘。爲則爲俏寃家，害則害誰曾慣。瘦則瘦不似今番，恨則恨孤幃繡衾寒，怕則怕黃昏到晚。」（雙調沈醉東風二）

這首曲對女子情意的深摯，愁思的淒楚，心情的變化，都刻劃得很細膩。全曲用同一句法，接連用「憂」、「愁」、「爲」、「害」、「瘦」、「恨」、「怕」等字，非但不嫌煩累，反倒增強了表達的效果。

「伴夜月銀箏鳳閑，暖東風繡被常慳。信沉了魚，書絕了雁。盼雕鞍萬水千山，本利對相思若不還，則告與那能索債愁眉淚眼。」（沉醉東風三）

這首曲描寫了女子深閨的寂寞和相思，也寫出了思念的淒楚和艱苦。末尾把相思譬喻爲欠債，更是別緻而又痛切。

「（仙呂翠裙腰）曉來雨過山橫秀，野水漲汀洲。闌干倚徧空回首，下危樓，一天風物暮傷秋。

（六么遍）乍涼時候，西風透。碧梧脫葉，餘暑纔收。香生鳳口，簾垂玉鈎。小院深閑清晝，清幽，聽聲聲蟬噪柳梢頭。

（寄生草）爲甚憂，爲甚愁。爲蕭郎一去今經久。玉臺寶鑑生塵垢，綠窗冷落閒針繡。豈知人玉腕釧兒鬆，豈知人兩葉眉兒皺。

（上京馬）他何處，共誰人携手，小閣銀瓶殢歌酒。早忘了咒，不記得低低耨。

（後庭花煞）掩袖暗含羞，開樽越釀愁。悶把苔牆畫，慵將錦字修。最風流，眞眞恩愛，等閑分付等閑休。」（閨怨）

這套曲描寫閨怨，清麗自然，極其可愛。翠裙腰和六么遍，描繪景物，清麗而又巧緻，在景物和情愁的配合上，更是刻意安排，造成極其淒婉的情調。寄生草一調，對女子深閨中爲相思而憂愁的苦況，委婉地表現出來。寶鑑生了塵垢，綠窗邊不再做針繡，這寫出女子的沒有情緒做任何事，而玉腕釧鬆，兩葉眉皺，見出思念的悽苦。接下來上京馬一調，由思念而假想意中人早已忘記自己，現在可能正在別處歡樂，這可見女子心情的變化，描寫的非常巧妙和靈活。末尾又歸到愁思上去，表現出心情的煩亂。曲中文辭婉麗，描寫細膩，也是關漢卿作品中具有代表性的。

「（中呂古調石榴花）顚狂柳絮撲簾飛，綠暗紅稀。垂楊影裏杜鵑啼，一弄兒斷送了春歸。牡丹亭畔人寂靜，惱芳心似醉如癡。懨懨爲他成病也，鬆金釧褪羅衣。

（酥棗兒）一自相逢，將人來縈繫。樽前席上，眼約心期。比及道是配合了，受了些閑是閑非。咱各辦着箇堅心，要撥箇終緣之計。

（催鮑老）當初指望成家計，誰想瓊簪碎。當初指望無拋棄，誰想銀瓶墜。煩煩惱惱，哀哀怨怨，哭哭啼啼。回黃倒皂，長吁短歎，自跌自堆。

(鮑老三台滾)俺也自知，鸞臺懶傍塵土迷。俺也自知，金釵環嚲雲鬢堆。俺也自知，絕鱗翼，斷消息，幾時回。乍別來肌如削，早是我多病多愁，正值着困人的天氣。

(牆頭花)守香閨，鎮日情如醉。悶懨惱離愁空教我訴與誰。愁聞的是紫燕關關，倦聽的黃鶯嚦嚦。

(賣花聲煞)愁山悶海不許當敵，好着我無箇剖劃，奈心兒多陪下些恓惶淚。呼使婢將綉簾低窣，把重門深閉，怕鶯花笑人憔悴。」(怨別)

這套曲寫閨中思婦傷怨別離，非常悽婉。一開頭寫出春日惱人的景象，同時也寫出思婦愁苦病困的情狀。接着寫思婦回憶過去初逢的情況，當初相逢，情投意合，互相傾慕，受了許多閑是非，但仍然堅心相許。再下來寫到思婦期望能夠姻緣美滿，沒想到好事成空，令人悲痛。再接着寫情人音信斷絕，閨中思念，愁苦萬狀。文辭婉麗，哀怨動人。

「(大石調青杏子)殘月下西樓，覺微寒輕透幃裯。華胥一枕蹺跧覺。藍橋路遠，巫峯煙漲，銀漢雲收。

(么)天付兩風流，番成南北悠悠。落花流水人何處，相思一點，離愁幾許，撮上心頭。

(荼蘼香)記得初相守，偶爾間因循成就，美滿効綢繆。花朝月夜同宴賞，佳節須酬，到今一旦休。常言道好事天慳，美姻緣他娘間阻，生拆散鸞交鳳友。

(么)坐想行思，傷懷感舊，各辜負了星前月下深深呪。願不損，愁不煞，神天還祐。他有日不測相逢，話別離情取一場消瘦。（好觀音煞）與怪友狂朋尋花柳，時復間和哄消愁。對着浪蕊浮花懶回首，快快歸來，原不飲杯中酒。（尾）對着盞半盟不滅的孤燈雙眉皺，冷清清沒箇人瞅。誰解春衫紐兒扣。」（離情）

這套題「離情」的曲，是寫男子失去戀人後的思念情懷的。一開頭寫出夜晚淒清的景象，接着寫到情人何處，離愁幾許。再下來寫到男女相守之時，花朝月夜宴賞歡樂，沒想到好事天慳，美滿姻緣被女子娘親間阻。再接着又寫到愁思傷懷，同時還期望他日相逢。下來又寫到去尋花問柳，卻沒有心情消受，仍是想念着舊情。末尾寫出一身的孤清冷寂，和思念的痛切。這套曲文辭也很優美，情意也委婉動人。

八、歌詠故事的作品

關漢卿所歌詠的故事，都是當時用作戲劇題材，爲一般人所熟知的愛情故事，像崔鶯鶯和張君瑞的戀愛故事，蘇卿雙漸和馮魁的三角戀愛故事以及李亞仙與鄭元和的戀愛故事，這類故事的作品有小令四首。另外中呂普天樂詠西廂故事十六事，因疑非關作，所以不加引述。

「粉牆低，景淒淒，正是那西廂月上時，會得琴中意，我是箇香閨裏鍾子期。好教人暗想張君瑞，敢則是愛月夜眠遲。」（雙調大德歌一）

這首是歌詠西廂故事，曲中寫鶯鶯在西廂中，月夜受琴挑而不能入眠，害起相思。對景物與情意都做了適當的描繪。末尾「敢則是愛月夜眠遲」，對鶯鶯情深而又羞怯的心情描寫得很美巧。

「黃召風虔，蓋下麗春園。員外心堅，使了販茶船。金山寺心事傳，豫章城人月圓。蘇氏賢，嫁了雙知縣。天！稱了他風流願。」（雙調碧玉簫一）

這首曲是寫蘇卿、雙漸和馮魁的三角戀愛故事。曲中寫出，馮員外雖然心堅，使了販茶船；但是蘇卿明慧抉擇，終於嫁給了雙漸，稱了風流願。這首曲文辭通俗，寫一個通俗的故事，沒有什麼新奇的意境。

「鄭元和，受寂寞，道是你無錢怎奈何。哥哥家緣破，誰着你搖銅鈴唱挽歌。因把亞仙門前過，恰便是司馬淚痕多。」（雙調大德歌三）

這首曲是寫李亞仙和鄭元和的故事的。曲中爲鄭元和感傷，他爲亞仙破了家緣，全盡受冷落，流落街頭爲人唱挽歌度日，這是家喻戶曉的故事。曲中深歎人情的澆薄，風月場的陷人，有些警策意味。

第二章 王德信

第一節 王德信的生平

王德信的生平事蹟，見於載籍的更少，實在無法弄出一個眉目來，根據一些零星資料，只能大概知道他的時代而已。

一、時代與里居

錄鬼簿說：「王實甫，名德信，大都人。」（天一閣藏明抄本，其他各刊本均無「名德信」三字）同時錄鬼簿把王實甫和關漢卿同列爲「前輩才人有所編傳奇於世者」。王國維說：「與漢卿同時者，尙有王實父。西廂記五劇，錄鬼簿屬之實父，後世或謂王作而關續之（都穆南濠詩話、王世貞藝苑巵言）或謂關作而王續之者（雍熙樂府卷十九載無名氏西廂十詠），然元人一劇，如黃粱夢、驌驦裘等，恆以數人合作，況五劇之多乎？且合作者皆同時人，自不能以作者與續者，定時代之先後也。則實父生年，固不後於漢卿。」（宋元戲曲史第九章）王國維以西廂記爲關王合作，其說非是，然指出關王同時，而王不必後於關，其說可取。吳梅說：「王實甫所作十四種曲，以西廂爲最。惟其人或稱元人，或稱金人，迄未有指定確鑿者。余按實甫麗春堂雜劇，係譜金完顏某事，而劇末云：『早先聲把烟塵掃蕩，從今後四方八荒，萬邦齊仰，賀當今皇上。』以頌禱章宗作結，則此劇之作，尙在金世。實父蓋亦由金入元者矣。」（顧曲麈談第四章）此所依據似較可靠。金章宗在位十九年（西元一一八九——一二〇八），此時王實甫至少也有二十餘歲，則其生年最晚也要在西元一一八八年以前，可能比關漢卿還要早些。錄鬼簿也把他和關白同列爲「前輩才人」，那麼說他是由金入元之人，似乎是沒有問題的。

二、或疑卽是王和卿

明胡應麟少室山房筆叢：「王實甫、關漢卿大概同時，第不詳元何帝代，要皆世祖時人。陶氏輟耕錄云：大名王和卿，滑稽挑達，遠播四方。中統初，燕市有一蝴蝶，其大異常，王賦醉中天云……由是名益著。同時關漢卿亦高才風流人，王嘗以譏謔加之。關極意酬答，終不能勝。……王所賦詞亦佳，又以滑稽挑達與關善，得非卽所謂實甫者？以先關卒，故西廂記未成而關續之耶?此事理極易推，惜無他據。」胡氏只是一種推測，實無證據可以支持其說。馬廉錄鬼簿新校注云：「王和卿學士（案孟本『學士』作『散人』王注（國維）曰：『案胡元瑞筆叢疑和卿卽實父，非是；和卿，大名人；實父，大都人也。』）」梁乙眞亦辯正之云：「俳優體的創製者王和卿，或疑他就是西廂記雜劇的作者王實甫（明胡元瑞筆叢）。這實在是一種很錯誤而且粗莽的判斷。我們看和卿的曲是那麼樣的滑稽突梯，其散曲的取材又是那麼樣的『下流』，像『大魚』、『長毛小狗』……一類的題目，決不類寫風流而旖旎文字的西廂記的著者王實甫。」（元明散曲小史第一章）梁氏由作品風格來分辨和卿和實甫絕非一人，其說很是合理。至王和卿之生平，另有所考（註一）。

三、或疑是王結之父

孫楷第元曲家考略云：……余於蘇天爵滋溪文藁中，偶發見『王德信』名。如卽曲家王德信，則王實甫乃王結之父。結、元名臣也。字儀伯，易州定興人，徙家中山。年二十餘，游京師，上執政書，陳時政八事，其言剴切，時相不能用。武宗時由宿衞入仕，歷官集賢直學士，吏刑部尙書，遼陽行省、陝西行省參加政事，中書參知政事。結性方鯁，文宗卽位，左右多忌之者，譖於上，因罷政。順帝立，復拜中書左丞，知經筵事。至元二年正月卒，年六十有二。……元史卷一七八有傳。而滋溪文藁卷二十三『元故資政大夫中書左丞知經筵事王公行狀』載結事尤詳。行狀記其家人事云：

『公易州定興人，伯祖某，國初帥鄉民來歸，其後管領中山人匠，因留家焉。祖逖勳，以質子軍從太祖皇帝西征，娶婦阿嚕渾氏，，以公貴，贈通議大夫、禮部尙書、上輕車都尉、太原郡侯。阿嚕渾氏，贈太原郡夫人。父德信，治縣有聲，擢拜陝西行臺監察御史，與臺臣說不合，年四十餘，卽棄官不復仕。累封中奉大夫、河南行省參知政事、護軍、太原郡公。母張氏，封大夫郡夫人。』

天爵文作於重紀至元三年，記結父母皆有封而無贈，知重紀至元三年，德信與其妻張氏猶存，度其時年至少亦近八十，可謂老壽。元史王結傳多本天爵所爲行狀，獨削德信事不書，幸滋溪文藁今存，猶可藉行狀知德信始末，不讀天爵文，固不能知德信是結之父也。」

孫氏所據行狀只有其名巧合，里籍既不同，又無其他事蹟足以證明，實甫以曲名家，工於文辭，行狀中旣未言能作曲，亦不提工文辭；實甫以字聞於世，行狀亦未言及其字。元賈仲明凌波仙詞稱揚實甫說：「風月營，密匝匝列旌旗；鶯花寨，明颩颩排劍戟；翠紅鄉，雄糾糾施謀智。作詞章，風韻羨，士林中等輩伏低。新雜劇，舊傳奇，西廂記天下奪魁。」可見實甫在當時是以詞章名著於士林的，而且其人和他的生活，也是風流浪漫的，也不像個做監察御史的人。再加王實甫和關漢卿，白樸同時，其生年可能比關漢卿還要早，我們推測要在西元一一八八以前，可是照孫氏之說，重紀至元三年（一三三七）王實甫還活着，年近八十，推算上去，他當生在一二五七，要比關漢卿晚了四十多年，比白樸也晚了三十多年，實在是不合理的。所以孫氏只以名同來牽附，是完全不能令人信服的。

註一 參見新加坡新社出版之新社季刊五卷三期王忠林「王和卿散曲析評」一文。

第二節 王德信的雜劇

一、總 目

王德信的雜劇，各家著錄，沒有什麼出入，共計十四種，今錄其目如下：

崔鶯鶯待月西廂記、四丞相歌舞麗春堂、呂蒙正風雪破窰記。

以上三本全存。

韓彩雲絲竹芙蓉亭、蘇小卿月夜販茶船。

以上兩本有殘曲。

趙光普進梅諫、賢孝士明達賣子、厚陰德于公高門、曹子建七步成章、才子佳人多月亭、作賓客陸績懷橘、麗春園、雙渠怨、嬌紅記。

以上九本全佚。

1. 曲海總目提要著錄王氏雜劇，有度柳翠一本，近代學者都抱存疑的態度。

2.呂蒙正風雪破窰記，關漢卿、王德信都有同名的著作，今存本是一旦本，近代學者以明鈔說集本錄鬼簿目於王作下注云：旦本，乃斷今存本爲王氏的作品。

3.崔鶯鶯待月西廂記的作者，說法很紛歧。現在留待下一小節，詳細討論。

4.韓彩雲絲竹芙蓉亭，尚存中呂一套，計曲文十四支。蘇小卿月夜販茶船，亦存中呂一套，計曲文十二支。以上兩套，趙景深氏皆收入元人雜劇鉤沈中。

二、崔鶯鶯待月西廂記

崔鶯鶯待月西廂記，一共五本二十一套。本來元劇的體制，絕大部分是一本四折，外加楔子。所以以篇幅而論，西廂記實是元劇中的巨著。

元鍾嗣成作錄鬼簿，成於至順元（一三三〇）年，是最早著錄元劇的書，此書著錄，西廂記是王實甫所作。明初寧獻王朱權的太和正音譜，也說西廂記五本，都是王實甫所作。因此，在元代至明初，西廂記並沒有發生作者的問題。

明王世貞曲藻，徐復祚三家村老委談，開始有王作關續的說法，即王實甫作前四本，關漢卿作第五本。明都穆南濠詩話說：

「近時北詞以西廂記爲首，俗傳作於關漢卿。或以爲漢卿不竟其詞，王實甫足之。……」

可見當時甚至有關漢卿作，及關作王續的說法。尤其當金聖嘆的批本盛行以後，王作關續的說法，幾乎成爲定論。

近代學者。經過詳盡的考證，才又漸漸回到王實甫作的原始說法（註一），而加以肯定。個人也覺得西廂記是王實甫所作的可能性較大，理由是：

1.最早著錄西廂的書，都沒有關作的說法。鍾嗣成、朱權，去西廂成書的時代不遠，他們的說法，自是比較合於眞相。

2.持王說關續的說法的，其主要理由便是西廂記第五本不如前四本精彩。金聖嘆更評爲「一片犬吠聲」。其實這是很說不通的，若第五本眞是關作，難道關漢卿的作品水準竟是「一片犬吠聲」？

3.以西廂記的曲文題材來看，跟王實甫的風格比較相似。如王作的麗春堂，第二折中呂粉蝶兒、醉春風，第四折雙調相公愛、醉娘子等曲、筆路手法，都與西廂相似。此外蘇少卿、韓彩雲的殘曲，作風也和西廂近似。關漢卿的作品，雖也有寫兒女風情的，但風格跟西廂都不同，所以以戲曲所表現的風格看，西廂爲王作實較關作更有可能。

4.西廂全爲王作，似乎產生爲何第五本較前四本爲差的問題。其實一個作者，在一本四折的雜劇裏，也難保持折折皆好的水準，何況西廂是一部五本二十一折的巨作。西廂的結局，本是悲劇，王氏在第五本把它變成團圓結局，題材不容易處理，遂有吃力不討好的情形產生。不過，進一步說，也有人認爲第五本並不錯的，如王季烈螾廬曲談說：

「關漢卿之續西廂四折（註二），不用詞藻，專事白描，正是元人本色處。金聖歎大肆譏評，實則金氏於此，乃門外漢也。」

可見一片犬吠聲，實是金聖歎的過甚其辭。

鄭騫先生在關漢卿雜劇總目一文中說：

「西廂記第五本，明人有指爲關作者，全無確據。……余以爲明以來流行之西廂既與漢卿無關，亦非王實甫原作，乃元末明初人據王實甫原作改編者也。」

鄭先生並沒有提出理由，詳加考證。不過，據西廂記成書以後的歷史來看，一般學者，對之都特別的欣賞，而欣賞的程度，遠遠超過其他的劇本。因此之故，西廂記的版本，和評點的文士，便特別的多。這顯示後代文人，崇拜西廂的狂熱。以有明一代計，評點西廂記的，卽有徐文長、汪然明、李卓吾、李日華、湯若士、陳眉公、孫月峯、徐士範、王伯良、邱瓊山、唐伯虎、蕭孟昉、董華亭、金庭衡、梁伯龍、焦猗園、何元朗、黃嘉會、劉麗華、金聖歎等，清代則有尤展成、毛西河、錢西山、沈君徵等。版本、評點旣多，自不能保持其原來面貌。錢玄同先生說得好（註三）：

「近人劉世珩校刋關王原本西廂，我拿來和金批本一對，竟變成兩部書。」

這一段話充分說明，西廂原作，歷經竄改，已不是原來的樣子，所以蘇雪林先生遼金元文學，也有與鄭騫先生相似的話：

「但我斷定西廂記乃是一個「複合體」，係經過許多明人修改增減而成，而改動最多則爲金聖歎。」

當然，話說回來，今存（或者說今最流行）的本子，雖經過許多人所更改，但是西廂記原始的作者，自還不能不承認是王實甫。

西廂記是一個戀愛劇，演張珙跟崔鶯鶯的戀愛離合，全劇的大意是：

唐德宗時，西洛人張珙，字君瑞，赴京應試，路經蒲關，寄居於普救寺中。已故宰相崔珏的寡妻鄭氏，及女鶯鶯，正好也扶珏柩寓寺中。君瑞在偶然機會中遇見鶯鶯，驚爲天人，很想表達愛意，苦無機會。

是時孫飛虎稱亂，聽說鶯鶯的姿色，於是以兵圍寺，強令婚配。鄭氏無奈，聲言有能退賊兵者，卽以鶯鶯嫁之。君瑞聞言，卽請寺僧慧明送書與故友白馬將軍杜確乞援。杜爲征西大元師，鎭守是邦，接君瑞之書，卽趕來解圍。

鄭氏設宴謝張，並命鶯鶯出拜，事以兄禮。君瑞問起婚事，鄭氏答已許配其內姪鄭恆，不能再配二夫。君瑞無奈，私下與鶯鶯婢女商量。紅娘很同情君瑞的癡情，勸君瑞以詩打動鶯鶯之心，君瑞卽寫成五言詩一首：

相思恨轉添，謾把瑤琴弄，樂事又逢春，芳心爾亦動。此情不可違，芳譽何須奉？莫負月華明，且憐花影重。

請紅娘帶給鶯鶯。是夕，紅娘果帶鶯鶯復詩來：

待月西廂下，迎風戶半開，隔牆花影動，疑是玉人來。

君瑞見詩大樂，待夜裏月明風淸，跳過牆去，和鶯鶯相會。唯鶯鶯突又膽怯，反責君瑞不知禮義。經此挫折以後君瑞卽相思成疾。數夕之後，紅娘乃伴鶯鶯前來探病，夜半無人，遂相歡好。

自是，夜夜相會，終被鄭氏識破，大怒。唯因家醜不可外揚，勉允婚事，但命張赴京應試，得中功名，方能合巹。鶯鶯復於長亭餞送，悵然而別。

君瑞行至草橋，離情難遣，夢中忽見鶯鶯前來殷勤話舊，驚覺以後，只見曉星初上，殘月猶明，心中更增愁悵。其後君瑞至京，得中狀元，授河中府尹，終於與崔鶯鶯夫婦團聚。

本劇故事，最早的藍本是元稹所作的鶯鶯傳，以張生賦會眞詩三十韻，故後人又名之爲會眞記。這本是元稹與他表妹戀愛的實事（結果兩人並未結合），而託名於張生的。因其故事纏綿哀艷，唐人以詩文張之者頗多，如元稹續會眞詩，楊巨源崔娘詩，李紳鶯鶯歌等都是。

宋代趙令時是第一個把這故事跟音樂歌唱相結合的，他作的是元微之崔鶯鶯商調蝶戀花鼓子詞。所謂鼓子詞，就是用一個曲牌連續來唱，或詠景物，或詠故事。其特徵則是徒歌不舞。趙氏的鼓子詞，結局與鶯鶯傳相同，男女主角並未結合。

金董解元作西廂記諸宮調，有道白、有唱詞，用弦索伴奏，故也稱弦索西廂。結局是大團圓。這本諸宮調是至今保存唯一最完整的一本諸宮調，王實甫作西廂記雜劇，實際卽以董作爲藍本。明胡應麟少室山房筆叢說：

「西廂記雖出唐人鶯鶯傳，實本金董解元。董曲今尚行世，精工巧麗，備極才情。而字字本色，言言古意，當是古今傳奇鼻祖。金人一代文獻盡此矣。」

淸焦循易餘龠錄說：

「王實甫西廂記，全藍本於董解元，談者未見董書，遂極口稱道實甫耳。」（註四）

淸吳蘭修校本西廂記劇的卷首記：

「此記（指董西廂）卽王實甫所本，有靑出於藍之嘆。然其佳者，實甫莫能過之，漢卿以下無論矣。余尤愛其『愁何似？似一川煙草黃梅雨。』乃南唐人絕妙好詞。」

這三段話都說明了董西廂跟王實甫西廂記的關係。焦循、胡應麟認爲王實甫西廂記全本董西廂，吳蘭修則認爲靑出於藍。不過吳氏也承認董西廂文字的優美，可見得，董西廂之有佳曲妙詞，是世人所公認的。王實甫有這樣好的藍本，當然佔了不少便宜，不過王氏有王氏的文采，也有他自己的風格、意境，並不是一味襲用董西廂曲文的著作，否則，王氏在曲壇就不會有這樣隆盛的地位了。董西廂送別一段，有幾句詞很美，現在跟王氏第四本第三折的一曲共錄於下，可見一斑：

董西廂送別段大石調玉翼蟬尾：

莫道男兒心似鐵，君不見滿川紅葉，盡是離人眼中血。

王實甫西廂記四本三折正宮端正好：

碧雲天，黃花地，西風緊，北雁南飛，曉來誰染霜林醉，總是離人淚。

至於王實甫西廂記雜劇以後，明有李日華南西廂記；陸天池南西廂記；周公魯翻西廂記，清查繼佐有續西廂雜劇。其他無名氏的續西廂、後西廂、翻西廂等，不知凡幾，由此可見王實甫西廂記一劇，在劇壇的影響深遠了。

在結構方面來說，西廂記打破了元劇的常例，有非常傑出的成就。元劇大約是一本四折，有時加一二楔子，全劇一人主唱。這一個體製，顯示元劇還不夠稱爲大型的戲劇，只能演出情節內容比較簡短的故事。因爲編劇者必須在這範圍內着筆，在情節處理上不免受到限制。而王實甫在處理西廂記這樣一個長篇故事，就使用了很多新的手法，替元劇創了一個新例：

1.因爲情節很長，王實甫把西廂一共寫成了五本，成爲元劇中罕有的長劇。

2.五本之中，每一本主角不同，所以也打破了全劇一人主唱到底之例。

3.卽使每本之中，也不一定守一人主唱之例，如以第四本爲例，張君瑞主唱第一折，紅娘主唱第二折，鶯鶯主唱第三折。第四折則分由鶯鶯、君瑞主唱。

4.元劇的楔子，大抵用於四折之外，補救劇情的地方，所以唱者只不過一二小令，也不一定放在全劇之首。西廂記每一本有一楔子，第一、三、四、五本的楔子，都在第一折之前，所唱只是一曲或兩曲。但是第二本的楔子，在第一折之後、第二折之前，由惠明唱正宮端正好長套，在形式及份量上來看，實是一折。

5. 西廂記主唱者既多，爲了讀者閱讀方便，特以每本每折主唱者，列表於下，以資比較：

本數	折數	主唱者
一	楔子	鄭氏、鶯鶯各唱一曲仙呂賞花時
	一	張君瑞唱仙呂點絳唇套
	二	張君瑞唱中呂粉蝶兒套
	三	張君瑞唱越調鬥鵪鶉套
	四	張君瑞唱雙調新水令套
二	一	崔鶯鶯唱仙呂八聲甘州套
	楔子	惠明唱正宮端正好套
	二	紅娘唱中呂粉蝶兒套
	三	崔鶯鶯唱雙調五供養套
	四	崔鶯鶯唱越調鬥鵪鶉套
三	楔子	紅娘唱仙呂賞花時
	一	紅娘唱仙呂點絳唇套
	二	紅娘唱中呂粉蝶兒套
	三	紅娘唱雙調新水令套

	四	紅娘唱越調鬥鵪鶉套
四	楔子	紅娘唱仙呂端正好曲
	一	張君瑞唱仙呂點絳唇套
	二	紅娘唱越調鬥鵪鶉套
	三	崔鶯鶯唱正宮端正好套
	四	崔鶯鶯、張君瑞唱雙調新水令套
五	楔子	張君瑞唱仙呂賞花時
	一	崔鶯鶯唱商調集賢賓套
	二	張君瑞唱中呂粉蝶兒套
	三	紅娘唱越調鬥鵪鶉套
	四	張君瑞、崔鶯鶯、紅娘唱雙調新水令套

其中最主要的，當是紅娘（主唱七折，與張君瑞、崔鶯鶯同唱一折），張君瑞（主唱六折，與崔鶯鶯同唱一折，與崔鶯鶯、紅娘同唱一折），崔鶯鶯（主唱五折，與張君瑞同唱一折，與張君瑞、紅娘同唱一折）等三人。其他惠明下書時，獨唱一長套，鄭氏在楔子中也唱一曲仙呂賞花時。

就戲劇來說，王實甫的這項體製，不但能容納篇幅較長的故事，並且劇中人物，不致於從頭唱到尾，演員負擔比較平均，而觀衆也不會久而生厭。王實甫是元劇早期作家，他的體製應該有很多較晚的作家仿效才是，然而終元之世，雜劇始終保持一本四折，一人主唱的體例，變例很少，這是令人深深爲之可惜的。

劇本寫得長了，劇本的內容是否變質，或者不精鍊呢？這也是一個見仁見智的問題，如明何良俊四友齋叢說說：

「王實甫才情富麗，眞辭家之雄。但西廂首尾五卷，曲二十一套，終始不出一情字，亦何怪其意之重複，語之蕪類耶？今乃知元人雜劇，止是四折，未爲無見。」

這是就曲詞的立場來說的。人的才情有限，以王實甫的才氣，寫二十一套長曲，也未免語意重複蕪雜。間接也說明爲何大多數作家，一本雜劇止是四折的原因。但是戲劇不僅止於曲詞，故事情節，排場結構，乃至人物賓白，插科打諢，都是決定戲劇優劣的主要因素，何氏徒以曲辭立論，未免意有所偏。明徐復祚三家村老委談則說：

「……而王實甫之西廂，直欲超而上之。蓋諸公所作，止於四折，而西廂則十六折(註五)，多寡不同，骨力更陡，此其所以勝也。」

很明顯地，是贊成王實甫西廂，因折數多而更能表現情節較曲折的故事了。

本劇的情節結構，因爲有五本二十一套之多，所以顯得很完整。一、二、三本描述君瑞與鶯鶯自邂逅至相愛的種種波折：有時顯得毫無機會，卻突然有了老夫人只要解圍，卽行下嫁的諾言。有時顯得戀愛馬上有結果了，卻突然老夫人表示了悔婚。卽使鶯鶯心中有意，紅娘奔波不停之際，君瑞也是屢次撲空，飽嘗相思之苦。這樣一波接一波的往高潮上推展，觀衆的心情，便被劇作家整個地控制住了。

到了第四本，君瑞宿願終償，戀愛有了結果。但是男女主角偷嘗禁果，終不是正正當當的交往，難能天長地久，所以接下來的拷紅，達到喜劇的最高點，終於造成最悲慘的長亭送別與草橋驚夢，昨日的軟玉溫香，只換成今夜的花殘月缺。戲劇的效果，在這種淒涼哀怨的場面，掀起了新的高潮。西廂使人歡笑，使人落淚，又往往在淚痕未乾時，泛上笑容；笑意未退時，湧出眼淚。王實甫這樣的處理手法，實在是元劇作家中很少有的。

第五本通常是最惹非議的一本，主要原因是把君瑞、鶯鶯寫成團圓，把原小說悲劇的氣氛一掃而空了。但是這種處理手法，至少滿足了觀衆要求崔、張結合的心理，因而達到了戲劇的效果，這也是無可否認的。

西廂記的人物，最特出和最成功的當推紅娘。她的性格天眞活潑，坦白直率，有時又喜歡開開無傷大雅的玩笑，充滿了幽默感。最重要的，因爲童眞未泯，富有正義感，對於事情敢判斷是非。把別人事情看作自己事情，甚至更熱心，更起勁。當事發之後，又有勇氣敢於承當；又有勇氣敢於指責老夫人是整個事件的罪魁禍首。當事情漸漸圓滿結束的時候，她不免有些感傷。如第四本第二折：

（紅云）：「姐姐，你受責理當，我圖什麼來？（唱）

（調笑令）你繡幃裏效綢繆，倒鳳顛鸞百事有。我在窗兒外幾曾輕咳嗽？立蒼苔將繡鞋兒冰透，今日個嫩皮膚倒將粗棍抽。姐姐呵！俺這通殷勤的着甚來由？

（紅云）：「姐姐在這裏等着，我過去。說過呵，休歡喜。說不過，休煩惱。」

這一段是拷紅的前奏，把紅娘的心理、性格，刻劃得眞是鮮明、細膩而生動。想起從前，恩愛是君瑞和鶯鶯的，自己除擔心、受勞、飽受風露之寒外，幾曾分得半點戀愛的滋味？今日卻要充作禍魁元凶，粗棍着體，爲他人作嫁衣裳，所爲何來？繼而一想，這頓拷打，旣然逃不過，何不「從容就義」，乾脆把老夫人數說一番，若是頑石點頭，豈不是一件大造化，也不枉好人做到底，送佛上西天一場。王實甫在這一段的描寫，無一點不恰合紅娘的心理，筆觸也無一點不肖似紅娘的口吻，細膩婉轉，而又極其深刻，眞是爐火純靑的最高境界。

崔鶯鶯和張君瑞，也是王實甫筆底下兩個很成功的人物。尤其在刻劃兩個戀愛時期的心理，極其細膩和婉轉，這是其他描寫才子佳人戀愛的小說和戲曲所及不上的。一般才子佳人之劇，大略都是私訂終身後花園，一見便愛，一愛便訂白首，全無心理過程之可言。但王氏本劇卻不同，他刻劃君瑞與鶯鶯兩個人的戀愛及心理過程，是化了很大的篇幅的。

君瑞初見鶯鶯，驚爲天人：

（元和令）顚不剌的見了萬千，似這般可喜娘的龐兒罕曾見。則著人眼花撩亂口難言，魂靈兒飛在半天。他那裏儘人調戲嚲着香肩，只將花笑撚。（一本一折）

（上馬嬌）這的是兜率宮，休猜做了離恨天。呀！誰想著寺裏遇神仙。我見他宜嗔宜喜春風面，偏宜貼翠花鈿。（一本一折）

鶯鶯見了張生後，則茶飯不思，衣帶日寬：

（仙呂八聲甘州）厭厭瘦損，早是傷神，那值殘春。羅衣寬褪，能消幾度黃昏。風裊篆煙不捲簾，雨打梨花深閉門。無語凭闌干，目斷行雲。

（寄生草）想著文章士旖旎人，他臉兒淸秀身兒俊，性兒溫克情兒順。不由人口兒裏作念，心兒裏印。學得來一天星斗煥文章，不枉了十年窗下無人問。

兩個人雖是郎有情，妾有意，但並沒有想到偸歡等等的邪思，當孫飛虎圍寺，要求把鶯鶯獻出，否則僧俗寸斬，不留一個的時候，鶯鶯還有自我犧牲的勇氣：

（鶯鶯云）：不如將我與賊人，其便有五。（唱）

（後庭花）第一來免摧殘老太君，第二來免堂殿作灰燼，第三來諸僧無事得安存，第四來先君靈柩穩，第五來歡郎雖是未成人，須是崔家後代孫。鶯鶯爲惜己身，不行從著亂軍，諸僧衆汚血痕，將伽藍火內焚，先靈爲細塵，斷絕了愛弟親，割開了慈母恩。

可見鶯鶯雖是溫文多情的少女，但有他性氣剛的一面。尤其當君瑞退賊以後，爲了守信，他更認定此身非君瑞莫屬，對於母親的悔婚，起了極大的反感。由此才由紅娘的慫恿，一步步走向密約佳期的路，這一段戀愛的過程，與一般才子佳人的戀愛，自有天壤之別了。

本劇賓白，曲文之美，歷代學者，莫不贊賞備至。賓白方面，以紅娘與鶯鶯的幾段對答，最饒風趣，也最肖口吻。如第一本第三折：

(紅笑云)姐姐，你不知，我對你說一件好笑的勾當。咱前日寺裏見的那秀才，今日也在方丈裏，他先出門兒外，等着紅娘，深深唱箇喏，道：小生姓張名珙字君瑞，本貫西洛人也，年二十三歲，正月十七日子時建生，並不曾娶妻。姐姐，卻是誰問他來？他又問那壁小娘子，莫非鶯鶯小姐的侍妾乎？小姐常出來麼？被紅娘搶白了一頓呵，回來了。姐姐我不知他想甚麼哩，世上有這等傻角。

(鶯鶯笑云)：紅娘，休對夫人說。天色晚也，安排香案，咱花園內燒香去來。

這一段對答，把張生之傻癡，紅娘之天眞，以及鶯鶯的有意，都刻劃得入木三分。

又如第三本二折，紅娘把簡帖送給鶯鶯看的時候：

(鶯鶯云)：小賤人，這東西那裏將來的，我是相國的小姐，誰敢將這簡帖來戲弄我，我幾曾慣看這等東西？告過夫人，打下你箇小賤人下截來！

(紅云)：小姐使將我去，他著我將來。我不識字，知他寫著甚麼？姐姐休鬧，比及你對夫人說呵，我將這簡帖兒，去夫人行出首去來。

(鶯鶯做揪住科)：我逗你要來。

(紅云)：放手，看打下下截來。

(鶯鶯云)：張生兩日如何？

(紅云)：我則不說。

把鶯鶯含羞佯怒，紅娘則一步不鬆的情態，表現得生動活潑，人物個性，憑藉賓白的傳介，栩栩如生。眞是元劇中一等的好文章。

不論賓白和曲詞，紅娘都佔了最重要的位置。但是在本劇中，由正旦演鶯鶯，凡是鶯鶯說唱，都寫作旦云，旦唱。紅娘的說唱，則寫作紅云，紅唱。可見在當時演出時，紅娘是由正旦以外的角色所扮演的。不過，以個人的看法，紅娘如此吃重的說唱，未嘗不能看作，除正旦以外，另外一個重要的角色，譬如叫做花旦的，已經在那裏醞釀，乃至慢慢地成熟了。

西廂記曲詞之美，自是有口皆碑。王實甫在元劇諸大家中，是寫情的聖手，在這一方面，誰都不能跟他相比。西廂記是一本纏綿悱惻的戀愛劇，乃得發揮他的優點。西廂曲詞之中，無論寫相思的痛苦，寫偸歡的香豔，寫離別的幽怨，都寫得深刻生動，使人如身歷其境。現在各錄二曲，以見一斑：

(拙魯速)對着盞碧熒熒、短檠燈，倚著扇冷清清、舊幃屏。燈兒又不明，夢兒又不成。窗兒外淅零零的風兒透疎櫺，忒楞楞的紙條兒鳴。枕頭兒上孤另，被窩兒裏寂靜。(第一本第三折)

(幺篇)怨不能，恨不成，坐不安，睡不寧。有一日柳遮花映，霧障雲屏，夜闌人靜，海誓

山盟。恁時節風流嘉慶，錦片也似前程。美滿恩情，咱兩箇畫堂春自生。（第一本第三折）

前一曲極言想思之苦，後一曲幻想戀愛成功時的甜蜜，又引起無窮的希望。相思的生活，就在這種痛苦與甜蜜的情景中，交替度過。

（勝葫蘆）我這裏軟玉溫香抱滿懷，呀！阮肇到天台。春至人間花弄色，將柳腰款擺，花心輕折，露滴牡丹開。（第四本第一折）

（么篇）但蘸著些兒麻上來，魚水得和諧，嫩蕊嬌香蝶恣採。半推半就，又驚又愛，檀口搵香腮。（第四本第一折）

第四本第一折的曲文，極寫君瑞、鶯鶯二人偷歡之樂。數月想思，一夕盡償，曲文寫得極香豔旖旎。所以很多的論曲學者，以爲語意皆露，毫不蘊藉（註六）。事實上本折着筆太濃，容易引人邪思，在文學上言，極盡香豔之美，在衞道上說，未免有傷風化，見仁見智，很難評定了。

（雁兒落）綠依依牆高柳半遮，靜悄悄門掩清秋夜，疏剌剌林梢落葉風，昏慘慘雲際穿窗月。（第四本第四折）

（鴛鴦煞）柳絲長、咫尺情牽惹，水聲幽、彷彿人嗚咽。斜月殘燈，半明不滅，唱道是舊恨連緜，新愁鬱結。恨塞離愁滿肺腑，難淘瀉，除紙筆代喉舌，千種想思對誰說。（第四本第四折）

夢裏成雙覺後單，離愁別恨，一古腦兒兜上來，這兩段曲詞眞是寫得淒豔欲絕，套一句王季烈的話，眞正是絕妙好詞。

西廂曲詞之美，眞是有口皆碑，幾乎無曲不佳，所以也引不勝引，現在將其總括三點，稍作說明，以爲小結：

1.西廂記一劇，自賈仲明凌波仙詞贊它：

「風月營，密匝匝列旌旗；鶯花寨，明颩颩排劍戟；翠紅鄉，雄糾糾施謀智。作詞章，風韻羨，士林中等輩伏低。新雜劇，舊傳奇，西廂記天下奪魁。」

此後論曲者，無不推西廂記爲北劇之冠。如明都穆南濠詩話說：「近時北詞以西廂記爲首。」明王世貞曲藻說：「北曲故當以西廂壓卷。」都是此種說法，大多爲論曲學者所接受。以西廂命意之高，篇幅之富，結構之精，曲詞之美，賓白之妙，點綴之趣。個人也覺得實在沒有其他的雜劇可以超過它的。

2.近代學者，也有認爲西廂記的詞藻，姸麗豔冶，很跟南詞接近，篇幅又長，似開傳奇之先聲的。如王季烈螾廬曲談：

「王實甫西廂，才華富贍，北曲巨製，其疊四本以成一部，已開傳奇之先聲。且其詞藻，亦都有近於南詞之處。」

蘇雪林先生遼金元文學：

「北曲素尙本色，而西廂記則詞藻紛披，風光旖旎，其姸麗豔冶處，頗類南曲，在北曲中可謂異軍。其所以如此，則我以爲關漢卿、馬致遠等皆爲通俗文人，而王實甫則爲智識階級之文人。但觀西廂記規模之宏大（合五本雜劇之量爲之，共二十折），命意之高超，結構之嚴密，點綴之有趣，描寫人物之富於個性，均非關、馬、白、喬等所能望其項背。」

這些說法，都很富有啓示性，值得注意。

3.西廂因爲流傳甚廣，明代評點者也多，因此版本方面，車載斗量。現在流傳的明、清舊本，就有三十種左右（註七）。今日所見最早的刋本，則是古本戲曲叢刋初集影印的明弘治十一（一四九八）金臺岳家刻本。最盛行的則是清金聖歎評貫華堂第六才子書本。清梁廷柟曲話說：

「金聖歎強作解事，西廂記而割裂之，西廂至此爲一大厄。又以意爲更改，尤屬鹵莽。」

梁氏條列金聖歎删改之處，凡二十二條。蘇雪林先生遼金元文學引錢玄同先生說：「近人劉世珩校刋關王原本西廂，我拿來和金批本一對，竟變成兩本書。」這是讀西廂所要注意的問題。

三、四丞相歌舞麗春園

四丞相歌舞麗春園是王實甫的一本仕隱劇，演金代右相樂善謫居起復的故事：

蕤賓時節，金帝在御花園賜羣臣宴，詔令射柳，連中三箭者，賜錦袍玉帶。右丞相樂善連中三箭，得領錦袍玉帶。監軍使李圭，連射不中，羞恨而退。

第二日，在香山之宴中，李圭又欲以八寶珠衣與樂善賭雙陸，樂善以御賜寶劍作注，結果李圭又輸。李惱羞成怒，必欲再賭，並以搽黑臉爲賭注，樂善果輸，李圭即欲以墨塗樂之臉，樂大，遂毆李圭。李圭奏知金帝，詔樂善謫居濟南。

樂善在濟南閒對青山綠水，飲釣自娛。後奉聖旨還朝，收捕草寇，草寇聞風來歸，於是詔復右丞相之職，並詔在其第麗春堂賜宴，着李圭前來謝罪。樂善盡棄前嫌，邀同暢飲，衆大臣皆佩其雅量。

本劇所演，皆於史無徵，樂善、李圭之名，也出於王氏臆造。元代蕭德祥有四大王歌舞麗春園雜劇，今已不傳，不知與王劇有何異同。

本劇由正末主演樂善，故事情節，也與西廂不同，所以跟西廂表現一種不同的境界，第一折射柳、第二折雙陸打賭，開始就有一種吸引人的氣氛。第三折謫居濟南，本應是全劇的高潮所在，但爲情節所限，結構很平淡，但是曲文中的意境，卻很高遠恬淡，所以佳曲還是數本折爲多。第四折賜宴團圓，又揷穿李圭負荆請罪，場面顯得非常生動。一般來說，本劇究不如西廂五劇來得出色。比較傑出的還是四折中的曲文。

明何良俊四友齋叢說：

「王實甫不但長於情辭，有歌舞麗春堂雜劇，其十三換頭落梅風內：『對靑銅猛然間兩鬢霜，全不似舊時模樣！』此句甚簡淡。」

落梅風是本劇第四折的一支曲文，今錄其全曲如下：

這山字領緣何慢，玉兔鶻因甚長。待道是我舊衣服怎生虛儳。我這裏對青銅，猛然見我兩鬢霜，哎，全不似舊時模樣。

樂善換穿舊時的衣服，發覺全不稱身，對鏡一照，壯年已逝，不免有這種時不我予的感歎。何良俊稱此曲簡淡，可見此曲的意境，與世俗烟火之曲，究竟不同，不愧是名家的手筆。

此外如第一折中：

（滿庭芳）這都是託賴着大人的虎勢，贏的他急難措手，打的他馬不停蹄。做色數、喚點兒、皆隨意，不比你射柳處，也推着馬眼迷奚。我若覷大人面皮，直贏的他與我跟隨。饒先遞，則你那赤瓦不剌強嘴兀自說兵機。

（要孩兒）這潑徒怎敢將人戲，你託賴着誰人氣力？睜開你那驢眼，可便覷着阿誰？我更歹殺者波是將相的苗裔。大人呵，尚兀自高擎着玉液來酬我，你待濃蘸着霜毫敢抹誰？這廝也不稱你那元戎職，我則待一拳兩脚，打的他似土如泥。

吳梅在中國戲曲概論內，稱此二曲「可云絕無文氣，而氣燄自不可及」。可見烘托樂善的氣勢和性格，口吻是很相肖的。

此外第三折中，有好幾支曲子，描寫逍遙自在的高士生活，意境極爲高遠：

（越調鬪鵪鶉）閑對着綠樹青山，消遣我煩心倦目。潛入那水國漁鄉，早跳出龍潭虎窟，披着領箬笠蓑衣，隄防他斜風細雨。長則是琴一張，酒一壺，自飲自斟，自歌自舞。

（金蕉葉）撐到這蘆花密處，款款將船兒纜住。見垂柳風搖翠縷，蕩的這幾朶兒荷花似舞。

（龐郎兒）知他是斷與甚處外府，則落的遶青山十里平湖，駕一葉扁舟睡足，抖擻着綠蓑歸去。

曲文如行雲流水，淡淡幾筆素描，便成爲挑燈看不足的圖畫，王實甫寫這一類曲詞，顯得特別的爐火純青。

四、呂蒙正風雪破窰記

呂蒙正風雪破窰記是王實甫的一本家庭劇，演呂蒙正發憤圖強求取功名的故事：

貧士呂蒙正，與友寇準，同在破窰中苦讀。洛陽富翁劉仲實女月娥，拋彩球招親，適中蒙正，於是下嫁蒙正，同居在破窰之內。

蒙正常到白馬寺乞齋度日，寺僧厭之，於是改爲飯後鳴鐘。蒙正乃於寺壁題詩：「男兒未遇氣沖沖，懊惱闍黎飯後鐘。」悵然而回，

劉仲實勸女改嫁，月娥堅決不肯，仲實於是氣憤搗毀窰中諸物而去。寇準知悉後，遂勸蒙正一起上京求取功名。十年後，蒙正顯達，知妻賢節，遂相團圓。再進白馬寺，見寺僧將往昔其所題之詩句，籠以碧紗。蒙正乃持筆再續兩句：「十年前時塵土暗，今朝始得碧紗籠。」

寺僧又告蒙正，飯後鳴鐘，實係其翁劉仲實之命，故意激之，使求上進。於是翁壻父女，遂

相和好。

按本劇多係點染民間傳說而成，像飯後鳴鐘，相傳尙有唐代段文昌、王播二人。碧沙籠詩，據宋吳處厚靑箱雜記，謂是魏仲先之事。呂蒙正是太平興國二年狀元，苦學成擧，容貌偉然。所以民間傳說，便大多附麗到他身上。關漢卿也有呂蒙正風雪破窰記，馬致遠有呂蒙正風雪齋後鐘，宋元南戲有呂蒙正風雪破窰記。可見此爲宋元之時，極爲流行的戲劇，故各大家都有所作。唯關、馬之作，今均不傳，不能比較其優劣異同，這是非常可惜的。

本劇是個旦本，由正旦演劉月娥主唱全劇，所以表彰的乃是月娥對婚姻的態度，剛貞節烈，從一而終，絕不以貧富而改變初衷。正旦拋繡球時，所唱金盞兒一曲，卽是全劇命意之所在：

繡球兒，你尋一個心慈善、性溫良、有志氣、好文章，這一生事都在你這繡球兒上。夫妻相待，貧和富有何妨？貧和富是我命福，好共歹在你斟量。休打着那無恩情輕薄子，你尋一箇知敬重畫眉郞。

這一點，王實甫所表現的婚姻觀，基本上和他的西廂記是一致的：卽是以愛情爲婚姻的基礎，而不是門第和金錢。

在結構方面，第一折拋繡球，第二折飯後鳴鐘及摔窰，第三折戲妻，第四折團圓，關目很多，因此結構很緊湊，毫不鬆懈。

曲詞都很本色，王季烈孤本元明雜劇提要說：

「……（破窰記）曲文樸質而能清新，第一折醉中天末句：『您兒心順處便是天堂。』尾聲末云：『我不戀鴛衾象牀，繡緯羅帳，則住那破窰風月射漏星堂。』第二折尾聲末句：『你若提一個瓦罐還家來，我可也怨不的你。』第三折普天樂中云：『但得箇身還家，重完聚，問甚麼官不官，便待怎的？』皆是白描俊語。且能顯出劉氏之義命自安，光明正大。此本題目既比西廂爲正，而文筆亦毫無遜色，乃西廂盛行於世，而此本湮沒不彰者二三百年。論語云：『我未見好德如好色者。』洵確論也。」

可以說是破窰記的一大知己。不過平心而論，本劇的曲辭，在纏綿上可能不能與西廂記相比，因爲它不是一個戀愛劇。但站在一個家庭劇的立場，發揚貞節的倫理觀念，曲辭的力量是很大的。現在再錄一曲，以結束本節：

（倘秀才）你着我穿新的，他穿舊的；我喫好的，他喫歹的。常言道夫妻是福齊，俺兩口兒過日月，着他獨自落便宜，怎肯教失了俺夫妻情道理。

五、結　論

王實甫現存雜劇不多，而中以西廂記爲巨著。所以對於王氏在雜劇上的風格、成就等等，大都已於西廂記一小節加以剖析。在此可以一說的，乃是他在元劇上的地位。

自元周德清中原音韻序特別表彰「關、鄭、白、馬」四家以後，明人大都守此說法，所以何良俊曲論說：

「元人樂府稱馬東籬、鄭德輝、關漢卿、白仁甫為四大家。」

四大家之中，沒有列入王實甫，後人都深為不平。其實，明人之中，就有不以為然的，如王驥德曲律：

「世稱曲手，必曰關、鄭、白、馬，顧不及王，要非定論。」

可見是非自有公論。其後王世貞藝苑卮言，除四大家加上王外，再添喬吉、貫酸齋、張可久、宮大用等，成為九大家。清李調元雨村曲話，以貫、張、宮等三人，祇工小令，不能跟前六人同年而語，於是六大家之說，漸漸成為定論。本書所記六人，也可以說是對四大家說法的一種否定。因為無論如何，王實甫的劇曲，喬吉的散曲，都足列入大家而無愧的。

註一　如趙景深西廂記作者問題辨正，王季思西廂記敍說等，均主張西廂五本二十一折，全是王作。

註二　王氏贊成後四折是關漢卿所續，這是另一個問題，他談這四折的曲文，至少可以表示他對這四折曲文的欣賞。

註三　蘇雪林遼金元文學引。

註四　焦循逑長亭送別一折中，王實甫有襲用董西廂詞之意境及詞語者，共有六條。董西廂寫景之美者，共有十條。以文長不具錄。

註五　徐氏主張王作關續，故言王作十六折。

註六 此兩句爲明何良俊四友齋叢說中評王之語。此外任訥曲諧說：「西廂記幽會點絳唇『竚立閑階』一齣，明人對之多不滿之詞。『蘸著些兒麻上來』，王伯良以爲大傷蘊藉；『胸前著肉揣』三語，又以爲有涉猥俗。徐士範則從何元朗語，誚以『濃鹽赤醬』。伯良註本謂：『王實甫此折雖傷莽率……』……」是明人大多對王氏此折有微辭。

註七 請參閱徐調孚現存元人雜劇書錄，張友鸞西廂的批評與考證，松鳧室主現存雜劇傳奇版本記，傅大興元雜劇考等。不具錄。

第三節 王德信的散曲

王實甫的散曲，留存的太少，中原音韻和堯山堂外紀錄有中呂十二月過堯民歌一首小令，雍熙樂府與九宮大成曲譜等錄有商調集賢賓一套套曲。另外一套南呂四塊玉南北合套，盛世新聲重增本、詞林摘艷、雍熙樂府俱不注撰人，原刋本摘艷注明王子安作，北宮詞紀注王實甫作，隋樹森以爲「殊可疑」（見全元散曲），因元代初期散曲家很少見有南北合套之作，所以這套曲可能非實甫之作。又堯山堂外紀錄中呂山坡羊春睡小令一首，說是王實甫所作，但此曲又見於張可久北曲聯樂府中，題曰閨思，當是張可久所作。如此，眞正可靠的作品，只有一首小令和一套套曲。

王實甫散曲的風格，同他的劇曲一樣，也是屬於婉麗的。梁乙眞說：「他的散曲雖不多，但都是一粒粒晶瑩的珠玉。」（元明散曲小史第一章）譚正璧說：「散曲濃麗如其劇曲。」（元曲六大家略傳）王實甫的散曲也應該有很高的成就的，可惜作品太少，無從詳細來賞鑑。

「自別後遙山隱隱，更那堪遠水粼粼。見楊柳飛綿滾滾，對桃花醉臉醺醺。透內閣香風陣陣，掩重門暮雨紛紛。

怕黃昏忽地又黃昏，不銷魂怎地不銷魂。新啼痕壓舊啼痕，斷腸人憶斷腸人。今春，香肌瘦幾分，摟帶寬三寸。」（中呂十二月過堯民歌別情）

王世貞曲藻評堯民歌首四句爲「情中詣語」，任訥評說：「按通首極浩爛之致。此四句內，各賴一二字，令情意渾厚，使筆極高，豈但詣語而已哉。」（中原音韻作詞十法疏證）梁乙眞稱讚說：「那麼樣的旖旎，那麼樣的清麗。」（元明散曲小史第一章）從文字來看，這首曲寫得非常婉麗，而內容所詠的別情，也是非常深摯哀婉。前半十二月一調寫春日醉人的景色，後半堯民歌一調寫別後相思的情懷，由景襯情，愈加深切。

「（商調集賢賓）撚蒼髯笑擊多夜酒，人事遠老懷憂。志難酬知機的王粲，夢無憑見景的莊周。抱孫孫兒成願足，引甥甥女嫁心休。百年期六分甘到手，數支干週遍又重頭。笑頻因酒醉，燭換爲詩留。

（逍遙樂）江梅並瘦，檻竹同清，巖松共久，無願何求。笑時人鶴背揚州，明月清風老致優，對綠水青山依舊。曲肱北牖，舒嘯東皐，放眼西樓。

（金菊香）想著那紅塵黃閣昔年羞，到如今白髮青衫此地遊。樂桑榆酬詩共酒，酒侶詩儔，詩潦倒酒風流。

（醋葫蘆）到春來日遲遲庭館春，暖溶溶紅綠稠。鬧春光鶯燕語啾啾，自焚香下簾清坐久。閑把那絲桐一奏，滌塵襟消盡了古今愁。

（么）到夏來鎖松陰竹塢亭，載荷香柳岸舟。有鮮魚鮮藕客堪留，放白鶴遠邀雲外叟。展楸枰消磨長晝，較虧成一笑兩奩收。

（么）到秋來醉丹霞樹飽霜，綻金錢籬菊秋。半山殘照掛城頭，老菱香蟹肥堪佐酒。正值着登高時候，染霜毫乘醉賦歸休。

（么）到多來攪清酣鷄語繁，漾茅簷日影稠。壓梅梢晴雪帶花留，倚蒲團喚童重燙酒。看萬里冰綃染就，有王維妙手總難酬。

（梧葉兒）退一步乾坤大，饒一着萬慮休。怕狼虎惡圖謀。遇事休開口，逢人只點頭。見香餌莫吞鉤，高抄起經綸大手。

（後庭花）住一間蔽風霜茅草丘，穿一領臥苔莎粗布裘。捏幾首懷抱歪詩句，喫幾杯放心胸村醪酒。這瀟灑傲王侯，且喜的身登身登中壽。有微資堪贍賙，有亭園堪縱遊。保天和自養修，放形骸任自由。把塵緣一筆勾，再休題名利友。

（青哥兒）呀閑處嘆蜂喧蜂喧蟻鬭，靜中笑蝶訕蝶訕鶯羞。你便有快馬難熬我這鈍炕頭。見如今蔬果初熟，濁酒新篘，豆粥香浮。大叫高謳，睜着眼張着口儘胡謅，這快活誰能夠。

（尾聲）醉時節盤陀石上眠，飽時節婆娑松下走，困時節布衲裏睡齁齁。偶乘閑細將玄奧剖，把至理一星星參透，卻原來括乾坤物我總浮漚。」（退隱）

這套曲文辭很清爽，意境卻很飄逸。因曲中提到「百年期六分甘到手，數支干週遍又重頭」以及「且喜的身登身登中壽」，該是作於六十歲時。他把人生已經看透，才有這種灑脫的胸懷。開頭一調，表明自己「老懷幽」的知足心情。第二調寫自己優遊山水，靜享晚景。第三調憶起昔日，思想現今，仍是過詩酒生活最樂。接下來醋葫蘆四首，分別描寫四季的風光，和自己舒暢的生活情趣。梧葉兒一調，對人生處世的態度，有所徹悟，也有所警惕。後庭花一調，又表明自己的生活態度，一直到末尾，都是循着這種路子寫。這套曲表明作者厭棄塵俗的功名利祿，願意過退隱的閒適生活。曲中對景物的描寫，很下過一番修飾工夫，刻劃得清新明麗，和王實甫的筆調是完全一致的。

第三章 白 樸

第一節 白樸的生平

有關白樸生平事蹟的記載，較早的資料，見於金史白華傳、元王博文天籟集序和元鍾嗣成錄鬼簿。後世學者也加以搜求和考索，像王國維曲錄、宋元戲曲史與元戲曲家小傳，譚正璧元曲六大家略傳等，都有一些記述。

一、字號與故里

根據錄鬼簿記載，說白仁甫名樸，號蘭谷先生。四庫全書總目提要又說「後改字太素」，王國維曲錄從之。

錄鬼簿說白樸是眞定人，四庫全書總目提要同。但金史白華傳說白樸的父親白華是「澳州人」（「澳」是「陝」之誤），王國維曲錄亦言樸爲眞定人，不過王氏又作案語云：「金史白華傳，華陝州人；錄鬼簿云仁甫眞定人，殆以其父子卜築滹陽時言之耳。」王氏說甚確。白樸原籍陝州，陝州宋時爲火山軍，故城在今山西河曲縣東北八十里。金升軍爲州，尋改名爲陝州，徙治今河曲東南一百五十里，元省。到了金亡以後，樸家移居眞定，卽今河北正定縣。

二、生卒年代

元王博文天籟集序云：「太素卽寓齋仲子。」寓齋爲白樸父華的號，白華，字文擧，貞祐三年進士，初爲應奉翰林正字，金哀宗正大元年累遷爲樞密院經歷官，六年權樞密院判官，七年五月眞授。天興二年帝次黃陵岡，就歸德，華隨行，三月崔立以汴京降。帝命華召鄧兵入援，至鄧，以事久不濟，淹留於館。後鄧降入宋，華從至襄陽，宋署爲制幹，又改均州提督。後范用吉殺均州長吏，送款於北朝，華遂北歸（註一）。天籟集序說：「仁甫年甫七歲，遭壬辰之難。」壬辰爲金哀宗天興元年（西元一二三二），白樸七歲，向上推算，他當生在哀宗正大三年（西元一二二六），和關漢卿比起來，要小十幾歲。至於卒年，則不得其詳。天籟集序說：「中統初，開府史公將以所業薦之於朝，再三遜謝。」史公謂史天澤，從其兄天倪帥眞定，中統二年，拜中書右丞相（註二）。中統元年爲西元一二六〇，白樸年正三十五歲。明孫大雅天籟集序和四庫全書總目提要都說元一統後，白樸徙家金陵，放情山水，宋亡於一二七九年，其時白樸已五十四歲，尚健在。

三、生平軼事

根據天籟集序所載，白樸七歲時，遭壬辰之難，其父寓齋因事赴遠地，明年春，汴京變，元遺山遂携白樸北渡，從此以後，白樸不茹葷血，人問其故，答說：「俟見吾親，則如初。」嘗染疫疾，遺山晝夜抱持，經過六天，在懷中得汗而愈。過幾年寓齋北歸，非常感激遺山對白樸的照顧，嘗有詩謝曰：「顧我眞成喪家犬，賴君曾護落巢兒。」

元白本爲中州世契，兩家子弟每擧長慶故事（註三），以詩文相往來。白樸是元遺山的通家侄，最爲遺山所賞讚，每過白府，必問爲學次第，曾贈白樸詩云：「元白通家舊，諸郎獨汝賢。」而白樸因自幼受遺山的薰陶，所以學問日進，再加上他自己異常穎悟，博聞強記，所以打下很深厚的基礎。

白樸因喪亂之時，倉皇之中失去母親，所以常有滿目山川之歎。父親北歸之後，即卜居滹陽（即指眞定），平居常鬱鬱不樂，放浪形骸，以求自適。

中統初年，史天澤曾以所業薦之於朝，白樸再三遜謝，不肯仕元，他已把榮利看得非常淡薄。

到了宋亡，元朝統一天下，白樸徙居金陵，跟一些遺老放情山水，日以詩酒優游，過着超出塵世的生活。

據錄鬼簿記載，白樸因子貴顯於朝，封贈樸嘉議大夫、掌禮院太卿。

註一　參見金史卷一百十四白華列傳。

註二　參見元史卷一百五十五史天澤列傳。

註三　唐代元稹、白居易二人，以詩相友善，所著詩文集皆名長慶，因編集時正在穆宗長慶改元之初。元白詩格又相近，故世稱長慶體。

第二節　白樸的雜劇

一、總　目

白樸的雜劇，經各家考證，確認爲白氏所作的，共有十六種：

唐明皇秋夜梧桐雨、裴少俊牆頭馬上（兩本全存）。

韓翠蘋御水流紅葉、李克用箭射雙鵰（兩文有殘曲）。

祝英臺死嫁梁山伯、蘇小小月夜錢塘夢、十六曲崔護謁漿、楚莊王夜宴絕纓會、蕭翼智賺蘭亭記、薛瓊瓊月夜銀箏怨、漢高祖澤中斬白蛇、秋江風月鳳皇船、唐明皇遊月宮、閻師道趕江江、高祖歸莊、董秀英花月東牆記（以上十二本全佚）。在孤本元明雜劇本第三册中，收有董秀英花月東牆記一種，簡稱東牆記，題爲白樸作，鄭騫先生在元劇作者質疑一文中考證，認爲此今存之東牆記，實係元末明初無名氏的作品，而決非白樸所作。如此說來，白樸留存的雜劇實在太少，除了梧桐雨、牆頭馬上全存外，流紅葉只殘存曲文十八支；箭射雙鵰只殘存曲文十四支，均見於趙景深元人雜劇鉤沈。不過，白氏留存的雜劇雖少，但每一本都有很高的評價，現在分述於下。

二、唐明皇秋夜梧桐雨

唐明皇秋夜梧桐雨是白樸現存劇本中唯一的歷史劇，全劇大意如下：

幽州節度使張守珪帳下裨將安祿山，征討奚契丹失機喪師，罪當斬。張愛其驍勇，乃送京取聖斷。進京後，丞相張九齡請誅安祿山，以安天下。明皇喜祿山善於應旨，遂留作白衣將領。又因楊貴妃欣賞安祿山善胡旋舞，明皇乃命安爲貴妃義子，加封平章政事，出入宮掖不禁。後以楊國忠、張九齡等，屢次進諫，乃使安離開朝廷，出爲范陽節度使。

天寶某年之七月七日，楊貴妃侍宴明皇於長生殿，明皇賜以金釵鈿盒。因感牛郎織女，年年相見，天長地久，乃對星而盟，願百年以後，世世永爲夫婦。

天寶十四年，秋，安祿山反。明皇方與楊妃宴於御園，共食四川進貢之荔枝。聞得賊勢衆大，乃倉皇幸蜀。軍次馬嵬坡，軍心大變，不肯前進。右龍武將軍陳玄禮，請誅楊國忠以定軍心。唯國忠既誅，衆軍仍不肯進。陳玄禮請併誅貴妃，明皇無奈，只得令貴妃自盡，六軍見其屍，以馬踐踏之。楊妃屍體不全，祇留汗巾一方。

本劇不僅被認爲是白樸的代表作，也一向被認爲元劇中少有的傑作。自明以來，各個學者評論本劇者很多，有褒有貶，但褒多於貶，而且所貶之處，大多屬於小疵，不掩其大醇。現在綜合白氏在本劇中各項特出的成就，一一敍述於下：

1.純以正史立意

本劇是一個歷史劇，歷史劇應該忠於歷史，使史實與戲劇相結合，這樣才能使觀衆得一正確的觀念。觀衆所得的觀念愈正確，則歷史劇所收的戲劇效果也愈大。

但是一般的歷史劇，終不能完全忠於正史，或是爲了要曲折生動，以取得戲劇的效果，或是借他人之酒杯，以澆自己的塊壘，所以多少有點歪曲史實的地方。

以此來看梧桐雨，我們可以看到白樸作劇命意，大多是據正史立意，而且題材也大部依據史傳及白居易長恨歌。白居易的時代，與明皇、楊妃相去不遠，所以我們相信它是一首相當存眞的史詩。

除了正史與長恨歌以外，本劇也有採及其他傳記的，也都淵源有自，並非向壁虛構。所採的書，除與長恨歌關係最密切的長恨歌傳外，還有下列諸書：

唐書紀傳、楊太眞外傳、明皇雜錄、開天傳信紀、安祿山事跡，酉陽雜俎、開元天寶遺事、明皇十七事、柳氏舊聞。

作爲一個歷史劇，白樸下過相當的功夫，博採衆聞，而以正史爲歸，這是很少其他歷史劇做得到的。

2. 完美的悲劇形式

元劇中有不少的悲劇，以六大家來說，關漢卿、馬致遠的作品，就有很好的悲劇作品。所以若論凡是悲劇，就都是好作品，就都是脫離窠臼之作，這是不公平的。因爲我國戲劇，以大團圓作爲結束，這應該是明代傳奇的窠臼，不能以此來衡量元劇。

但悲劇是否完美，還是可以作一比較。關漢卿的竇娥寃，世稱爲元劇中最大的悲劇，以竇娥個人含寃赴死來說，悲劇的氣氛是很充分的，但是末一折竇娥魂上場，魂禀其父竇天章，報了大仇，貪官無賴，一一伏誅，不免走上了變相大團圓的結局。

再看馬致遠的漢宮秋，似乎也是天生的悲劇，送別、自沈、相思，也充滿了悲劇的氣氛，最後「孤鴈兒不離了鳳凰城，畫簷間鐵馬響丁丁，寶殿中御榻冷清清，寒也波更簫簫落葉聲」。似也有悲劇的高潮，但尾聲殺毛延壽以祭昭君，未免又破壞了悲劇完美的形式。

梧桐雨若依照長恨歌，則可以有道士到天上求貴妃的一節，甚至可以使明皇與貴妃在仙山相見作結，以爲「綿綿相思」的補償。但是白樸把故事敍到明皇的追思爲止，最後明皇唱：

（黃鍾煞）順西風低把紗窗哨，送寒氣頻將繡戶敲。莫不是天故將人愁悶攪？度鈴聲響棧道，似花奴羯鼓調，如伯牙水仙操。洗黃花潤籬落，漬蒼苔倒牆角，渲湖山漱石竅，浸枯荷溢池沼，沾殘蝶粉漸消，灑流螢燄不着，綠窗前促織叫，聲相近鴈影高，催鄰砧處處搗，助新涼分外早。斟量來這一宵雨，和人緊厮熬，伴銅壺點點敲。雨更多，淚不少。雨濕寒梢，淚染龍袍，不肯相饒。共隔着一樹梧桐，直滴到曉。

全劇到此結束，淒凉悲幽，更不似淸洪昇的長生殿，還留下重圓的尾巴。所以這樣純粹悲劇的形式，實在是元劇中所少見的，元後戲劇，則更勿論了。

3. 氣魄雄偉

本劇除了第四折明皇的秋思；第三折貴妃賜死，表現得纏綿淒凉以外，前半部大多熱鬧、雄壯，所以前、後半部，乃形成一個強烈的對比，這一個對比，收到極強烈的悲劇效果。此點，即使馬致遠的漢宮秋雖同爲宮闈悲劇，卻在故事的說服性上，遠遠不能相比。因爲漢宮秋故事本身太簡單，尤其前半部不能像梧桐雨那樣有偉大的場面，因此前後也不能有強烈的對比性，其不能使人感動，也是理之必然了。

所以說，梧桐雨悲劇意境的造成，並不是單純的發展，前半部熱鬧的氣氛，場面的偉大，都增加了烘託，渲染的作用。白樸在本劇結構方面，前後對比，層次井然不紊，在有四折限制的雜劇，能夠如此緊湊，實在是很不容易了。

清洪昇的長生殿，一共有五十齣，結構排場，照理應比梧桐雨來得從容。但是據梁廷柟曲話，驚變一齣，在明皇貴妃深宮歡宴之時，國忠直入，草草數語，便啓駕幸蜀，排場之急遽，一至於此。而梧桐雨則在中間還有一李林甫，得報轉奏，開始時議戰，戰既不能，然後再議幸蜀，表現一國君主之氣度，有條不紊。在史實來說，安史之亂，李林甫已不在人世，白氏未免欠考，但在戲劇排場來說，梁氏是批評得很對的。凡此種種，都可以看出白樸在本劇中結構之用心，雖枝末小節，也不馬虎。

4.曲辭清俊

對於梧桐雨的曲辭，前賢幾乎一致加以稱贊，極少貶斥之語。現在試錄幾曲如下：

（醉扶歸）暗想那織女分，牛郎命。雖不老，是長生。他阻隔銀河信杳冥，經年度歲成孤另。你試向天宮打聽，他決害了些相思病。（第一折）

（醉中天）我把你半彈的肩兒凭，他把個百媚臉兒擎，正是金闕西廂扣玉扃，悄悄廻廊靜。靠着這招彩鳳，舞青鸞，金井梧桐樹影，雖無人竊聽，也索悄聲兒海誓山盟。（第一折）

（普天樂）恨無窮，愁無限。爭奈倉卒之際，避不得驀嶺登山。鑾駕遷，成都盼，更那堪滻水西飛鴈，一聲聲送上雕鞍。傷心故園，西風渭水，落日長安。（第二折）

（殿前歡）他是朶嬌滴滴海棠花，怎做得閙荒荒亡國禍根芽？再不將曲彎彎遠山眉兒畫，亂鬆鬆雲鬢堆鴉，怎下的慘磕磕馬蹄兒臉上踏？則將細裊裊咽喉掐，早把條長攙攙素白練安排下。他那裏一身受死，我痛煞煞獨力難加！（第三折）

（叨叨令）一會價緊呵似玉盤中萬顆珍珠落，一會價響呵似玳筵前幾簇笙歌鬧，一會價清呵似翠岩頭一派寒泉瀑，一會價猛呵似繡旗下數面征鼙操。兀的不惱殺人也麼哥，兀的不惱殺人也麼哥，則被他諸般兒雨聲相聒噪。（第四折）

這些曲辭，無不清俊爽直，而又警句疊出，力重萬鈞。梁乙眞元明散曲小史說白樸的散曲，成就高出其劇曲之上，誠不知他的劇曲，有些曲辭，拿它獨立來看，無不像清雋秀美的小令：

（駐馬聽）隱隱天涯，剩水殘山五六搭。蕭蕭林下，壞垣破屋兩三家。秦川遠樹霧昏花，灞橋衰柳風瀟灑。煞不如碧窗紗，晨光閃爍鴛鴦瓦。（第三折）

描寫窮鄉僻里，詞句清婉，而意境高遠。放之於他的其他散曲之中，可說毫不遜色。

5. 影響深遠

楊貴妃的故事，含有相當傳奇的色彩。所以宋元以來，以楊妃故事爲題材，敷衍爲戲曲的，可以說相當的多。宋的歌舞戲曲，有石曼卿「拂霓裳轉踏」，王平「大樂滾遍」敍開天遺事，今皆不存。陳元靚歲時廣記卷二十七也有越調伊州曲述開天遺事。金源諸宮調尙存有「天長地久」、「玉環」、「梅妃」之目。

到了元人雜劇，爲數更多。除梧桐雨外，白樸另有唐明皇遊月宮一本。關漢卿有唐明皇啓瘞哭香囊，李直夫有念奴教樂，庾天賜有楊太眞浴罷華淸宮、楊太眞霓裳怨，岳伯川有羅光遠夢斷楊妃等。此外尙有明皇村院會佳期一本，不知作者名氏。所以李調元雨村曲話說：

「元人咏馬嵬事，無慮數十家。」

只是元人各劇，除關漢卿哭香囊尙殘存四曲外，其餘均已亡佚。梧桐雨能夠保存至今，必有他存在的價値，絕不是偶然的。

明代的戲曲，傳奇方面，有吳世美驚鴻記，屠隆的彩毫記，這兩種今有存本。此外，單本有合釵記，戴應鰲有鈿盒記，戴子晉有靑蓮記，吾邱瑞有合釵記，以及無名氏的沈香亭，現在均已亡佚。

雜劇方面，汪道昆有唐明皇七夕長生殿，徐復祚有梧桐雨，王湘有梧桐雨，作者無考的，有秋夜梧桐雨、明皇望長安，舞翠盤諸本，現在也都亡佚無存。

淸人的作品中，當以洪昇的長生殿最爲著名。其他有尤侗與張韜的淸平調，石韞玉的梅妃作賦，梁廷枏的江梅夢，還有唐英的長生殿補闕（補賜珠、召閣兩齣）。

由於梧桐雨的傑出，在它以後的作品，無不受它影響，而奉它爲圭臬。明人雜劇直以梧桐雨或秋夜梧桐雨爲名的，就有三本之多，可以想見。只可惜這些作品大多亡佚，所以無法對證其所受白樸的影響。但今存的戲曲，被認爲衆美悉具，一無可議的長生殿，則顯明地可以看出它受梧桐雨影響之深。

在情節方面，梧桐雨由於雜劇體制所限，不能多所發揮。但所寫四折，實爲明皇、楊妃戀愛故事的中心。長生殿衍爲五十齣，實際上成爲骨架的那幾齣，承襲梧桐雨的地方，甚爲明顯，現在表列於下：

梧桐雨	長生殿
第一折	定情（第二齣） 密誓（第二十二齣）
第二折	舞盤（第十六齣） 合圍（第十七齣） 陷關（第二十三齣） 驚變（第二十四齣）
第三折	埋玉（第二十五齣）
第四折	哭像（第三十二齣） 雨夢（第四十五齣）

在曲文方面，洪昇抄襲的地方也不少，現在也表列於下，以見一斑：

梧　桐　雨	長　生　殿
一天淡雲閒，列長空，數行征雁。御園中，夏景初殘。柳添黃，荷減翠，秋蓮脫瓣。坐近幽蘭，噴清香，玉簪花綻。（第二折）	天淡雲閒，列長空，數行新雁。御園中，秋色斕斑。柳添黃，蘋減綠，紅蓮脫瓣。一扶雕闌，噴清香，桂花初綻。（驚變）
隱隱天涯，剩水殘山五六搭，蕭蕭林下，壞垣破屋兩三家。（第三折）	望成都直在天一涯，漸行來漸遠京華；五六搭剩水殘山，兩三間空舍崩瓦。（埋玉）
端祥了你上馬嬌，怎支吾蜀道難。（第三折）	在深宮兀自嬌慵慣，怎樣支吾蜀道難。（驚變）
米來大蜘蛛兒抱定。（第一折）	米大蜘蛛廝抱定。（密誓）
他決害了些相思病。（第一折）	決爲了相思成病。（密誓）
冷清清半張鑾駕。（第三折）	歎清清冷冷半張鑾駕。（埋玉）
只好把潑枝葉做柴燒鋸倒。（第四折）	且待把潑梧桐鋸倒。（雨夢）
共隔着一樹梧桐直滴到曉。（第四折）	只隔個窗兒直滴到曉。（雨夢）

其中以第三折天淡雲閒一曲，最爲顯明。按白氏天淡雲閒一曲，大略甚爲曲家所欣賞，所以關漢卿緋衣夢一劇，開場仙呂點絳唇一曲，卽襲自天淡雲閒。趙景深讀關漢卿一文，據此以爲此

本緋衣夢，非關漢卿作。據個人看法，關氏以為此曲意境甚佳，故襲用之，也未必不可能。或者此本經後人之手，故曲文略有更改，則關氏原本曲文不襲，後人改襲，也有可能。

此外馬致遠作漢宮秋一劇，結構方面，開場元帝尋琵琶聲而見昭君，與梧桐雨明皇「悄悄蹙蹙」進長生殿，頗有幾分似處。漢宮秋結局孤雁驚夢之悽清，則襲自「雨濕寒梢」「一樹梧桐，直滴到曉」的悲劇氣氛，就更顯明了。

凡此種種，都可見白氏此劇影響的深遠。

三、裴少俊牆頭馬上

裴少俊牆頭馬上，是一本戀愛劇。全劇演裴少俊與李千金的戀愛故事，情節甚是感人：

唐工部尚書裴行儉，有子名少俊，年當弱冠，才貌兩全。一日，少俊奉命赴洛陽買花栽子，偶過洛陽總管李世傑花園，得見其女李千金，兩情相悅，少俊乃乘夜踰牆而入，與千金幽會。事為千金乳娘嬤嬤知道，遂放二人私奔。二人到了長安，少俊將千金匿居花園，時隔七年，已有一子端端，一女重陽。

清明日，裴夫人率少俊上墳祭祖，裴尚書以有病留於家，偶至花園，遂發現眞相，大怒之下，逼令少俊寫休書，逐千金出府。千金回洛陽後，父母已逝，於是在家守節。其後少俊舉進士，官洛陽令，迎父母至任所。裴尚書憐千金守節不移，且知為李世傑之女，以前李與少俊有婚約，於是使二人正式結爲夫婦，團圓收場。

本劇的故事，實是當時非常流行的民間傳說。唐白居易的井底引銀瓶詩，稗史青梅歌，元人鞦韆會記等，所述大致都與本劇的故事相似。宋周密武林舊事所錄宋官本雜劇段數目中，有裴少俊伊州，元陶宗儀輟耕錄所錄金院本目中，也有牆頭馬上及鴛鴦簡，可能都是白樸作本劇的藍本。此外徐渭南詞敍錄，也有裴少俊牆頭馬上一本。明代無名氏馬上郎傳奇，則依本劇渲染敷演而成。可見此段故事，流傳之廣。

本劇敍述裴少俊與李千金兩人愛情的堅貞，歷久而不變，是跟一般才子佳人劇異趣的。白樸在本劇中，不但描寫了一段可貴的戀愛的故事，而且還刻劃了李千金一個生動鮮明的性格，足以跟關漢卿所創造的那些生動的婦女形象相比美。

李千金是一個對戀愛非常執着的少女，她爲了跟少俊的愛情，寧可拋棄家庭，與他私奔。到了裴家以後，她又肯匿居在花園之內，不敢拋頭露面，達七年之久，此種犧牲，也是一般人所不容易做到的。而更難能可貴的，爲了愛情，爲了兒女的前途，她寧可一人離開裴府，以個人的痛苦，換取子女的將來。回到洛陽以後，她又矢志守節，不再嫁人。凡此種種，都可看出李千金對愛情堅貞忠節，這也是個人認爲本劇跟普通才子佳人戀愛劇異趣的地方。當裴尚書罵她：「你比無鹽敗壞風俗，做的個男遊九郡，女嫁三夫。」李千金很乾脆的回答說：「我則是裴少俊一個。」這句話很簡明地刻劃出李千金的戀愛觀。

因此，當裴尚書執意要把他逐出家園，破滅了她戀愛的美夢時，她的語言就變得非常激烈辛辣：

（梅花酒）他毒腸狠切，丈夫又軟揣些些，相公又惡噷噷乖劣，夫人又叫丫丫似蝎蜇。你不去望夫石上變化身，築墳臺上立個碑碣，待教我謾懺懺愁萬縷悶千疊。心似醉，意如呆；眼似瞎，手似瘸；輕拈掇，慢拿捻。

（得勝令）冰絃斷，便情絕。銀瓶墜，永離別。把幾口分兩處，誰更待雙輪碾四轍。戀酒色淫邪，那犯七出的應棄捨享富貴豪奢，這守三從的誰似妾。

當要跟自己的子女分別時，李千金的母子親情，更毫不保留地在曲詞中表達出來：

（沈醉東風）夢驚破情緣萬結，路迢遙烟水千疊。常言道有親娘有後爺，無親娘無疼熱。他要送我到官司，逞盡豪傑。多謝你把一雙幼女癡兒好覷者，我待信拖拖去也。

（甜水令）端端共重陽（註一），他須是你裴家枝葉，孩兒也啼哭的似癡呆。這須是我子母情腸厮牽厮惹，兀的不痛殺人也。

全劇雖然是以團圓結束，但第四折少俊得官，裴尚書告老，全家來求李千金相認，重回裴家。李千金仍是堅決不肯回去。全折大半是李千金跟裴家父、母、子的對答，警語如珠，高潮疊起，極有戲劇效果，跟一般團圓結局的戲劇，末了都是結構鬆懈者不同，試看李千金在第四折中的曲詞：

（石榴花）常言道好客不如無，搶出去又何如。我心中意氣怎消除？你是奮付負與何辜，既爲官怎臉上無羞辱？你道我不識親疎，雖然是眼中沒有珍珠處，也須知略辯個賢愚。

（鬪鵪鶉）一個是八烈周公，一個是三移孟母。我本是好人家孩兒，不是娼人家婦女。也是行下春風望夏雨，待要做眷屬。枉壞了少俊前程，辱沒了你裴家上祖。

（上小樓）恁母親從來狠毒，恁父親偏生嫉妬。治國忠直，操守廉能，可怎生做事糊塗。幸得個鸞鳳交，琴瑟諧，夫妻和睦，不似你裴尚書替兒嫌婦。

這些曲詞義正辭嚴，一句句宛如斬釘截鐵，充分表露他與少俊戀愛的正當，以及裴尚書夫婦干涉的無理。在觀衆來說，則可說是最好的一帖去火的清涼劑。

全劇的曲辭，雖不如梧桐雨般華麗，但本色通俗，俊語極多，在戲劇效果來說，似乎猶在梧桐雨之上。

此外，第一折混江龍中有幾句：

……誰管我衾單枕獨數更長？則這半牀錦褥，枉呼做鴛鴦被。流落的男游別郡，躭閣的女怨深閨。

又同折後庭花一曲：

休道是轉星眸上下窺，恨不的倚香腮左右偎，便被翻紅浪，羅裙作地席。旣待要暗偷期，咱先有意，愛別人可捨了自己。

清梁廷枏曲話認為此兩曲毫不含蓄，犯了「元人每作傷春語，必極情極態而出」的通病。單看這兩支曲文，梁氏的話，大略說得不錯。但既然元人傷春之語，大率如此，也就不必獨責白樸一人（註三），可能時代如此，和清代重拘束者不同。進一步說，白樸如此寫，未嘗不可以對李千金大膽、自由的戀愛觀，作一注解。

其次，梁氏也承認本劇自有佳曲，曲話說：

「其鵲踏枝一曲云：『怎肯道，負花期，惜芳菲，粉悴胭憔。他綠暗紅稀，九十日春光如過隙，怕春歸，又早春歸。』如此，則情在意中，意在言外，含蓄不盡，斯為妙諦。惜其全篇不稱也。」

可見本劇之有佳曲，是不能否定的。

四、結　論

白樸的雜劇，前代的學者大多抱尊崇的態度。如元賈仲明有凌波仙詞贊他：

「峨冠博帶太常卿，嬌馬輕衫館閣情，拈花摘葉風詩性。得青樓，薄倖名。洗襟懷，剪雪裁冰。閑中趣，物外景，蘭谷先生。」

閑中趣，物外景，這兩句很能說出白樸曲詞的意境。明寧獻王朱權的太和正音譜批評他說：

「白仁甫之詞如鵬摶九霄。風骨磊磈，詞源滂沛。若大鵬之起北溟，奮翼凌乎九霄，有一舉萬里之志，宜冠於首。」

可說贊譽備至。所以朱權列他的名於馬致遠、張小山之後，而在其他大家之前。

吳梅中國戲曲概論說：

「秋雨梧桐，實駕碧雲黃花之上。蓋親炙遺山謦欬，斯咳唾不同流俗也。」

碧雲黃花，指的是王實甫的崔鶯鶯待月西廂記。遺山是元好問的號，吳梅先生的意見，直指出白樸的文學修養，淵源有自，乃大家風度，所以梧桐雨的意境，為西廂記所不及。此話自文學家的修養來看，自有見地。

盧前元人雜劇白仁甫雜劇跋說：

「梧桐雨與牆頭馬上，俊語如珠，是元曲中所罕覯者。王國維謂樸似詩中劉夢得，詞中蘇東坡，婉約豪放，兩美蓋兼有之矣。」

拿白樸與劉夢得、蘇東坡相比擬，是否相稱，各家尚有不同的看法（註三），不過盧前說他俊語如珠，兼有婉約豪放之美，徵之於他現存的兩本雜劇，可以說是批評得很中肯的。

說到他現存的兩本雜劇，末、旦各一，但是都以寫情為主。此外存在殘曲的韓翠蘋御水流紅葉，李克用箭射雙鵰兩本，前者是旦本，言情；後者則為末本，描寫李克用收周德威的英雄事蹟。兩下相比，還是流紅葉來得出色當行。因此，若以白氏的劇曲來論，他寫情的手段較高，詞曲清麗婉約，詞意纏綿悱惻，而感情卻又真摯動人，今再引流紅葉的飽老兒、要孩兒二曲，以見言之不謬：

（鮑老兒）展玉腕厮瑯瑯向水面上兜，更怕甚濺濕泥金衫袖。則這翠竹梢頭少個鈎鈎，趁着這水勢向東流。我則見衝開錦鱗，驚飛綠鴨，蕩散白鷗。見題紅泛泛，隨風颭颭，順水悠悠。

（耍孩兒）往常我守椒房、躭寂寞、捱昏晝，今日個更添上開心症候。趁西風飄離了樹梢頭，送與我這一場閑悶閑愁。見了些翠裙鳳翅傷秋扇，聽了些絳幘雞人報曉籌，年年池館皆依舊。則俺這宮嬪年老，幾時得葉落歸秋。

註一　李千金匿居裴家後花園，共達七年。生子名端端，是時年已六歲；女名重陽，四歲。

註二　王實甫西廂記第四本一折寫君瑞、鶯鶯幽會，曲詞之香豔，更在此兩曲之上。參見本書王德信的雜劇西廂記一小節。

註三　如趙景深有辯白樸非豪放派，即不贊成王國維的比喻。事實上白樸曲風的豪放抑清麗，見仁見智，各家學者都有不同的意見。

第三節　白樸的散曲

白樸的散曲，附於其天籟集末摭遺中，同時也散見於太平樂府、陽春白雪、太和正音譜以及北詞廣正譜等選集中。四庫全書總目提要云：「天籟集二卷（編修汪如藻家藏本），金白樸撰。

是本乃其所作詞集，世久失傳，康熙中，六安楊希洛始得於白氏之裔。凡二百篇，前有王博文序，後有孫作序及曹安贊。希洛以示朱彝尊，彝尊分爲二卷，序而傳之。」由此可知天籟集本是白樸的詞集。王鵬運天籟集跋：「康熙中，六安楊氏希洛以曝書亭訂本授梓，卷首有仁甫小像，末附摭遺，爲所製曲。」此可知天籟集末曾附有摭遺，是白樸的曲作。鄭振鐸云：「天籟集有康熙間楊希洛刻本，末附摭遺，卽散曲一部。後來四印齋本及九金人集本天籟集皆刪去摭遺不載。」（見揷圖本中國文學史第四十九章注）。因後來一些刻本刪去摭遺，以致散曲部分散失。近人任訥有輯本，亦名天籟集摭遺，計得小令三十六首，套數四套，盧前刻入飲虹簃曲中。隋樹森輯全元散曲，計得白樸小令三十七首，套數四套。

關於白樸散曲的風格，有的認爲當屬豪放派，有的又認爲當屬清麗派。首見明朱權太和正音譜評說：「白仁甫之詞，如鵬搏九霄，風骨磊磈，詞源滂沛，若大鵬之起北溟，奮翼凌乎九霄，有一擧萬里之志，宜冠於首。」朱氏所論，可能是總括白樸的劇曲和散曲而言，他並沒有明言白樸作品是豪放或清麗，但所評「風骨磊落，詞源滂沛」，似近於豪放。到任訥就肯定的說：「白樸，……豪放之尤者。」（見散曲概論卷二派別）陸侃如馮沅君評白樸的散曲說：「雖也有以豪放名的作品，如歡飲、漁父諸作；但究以俊爽秀美者爲多。」（中國詩史卷下）鄭振鐸也說：「他的散曲，俊逸有神，小令尤爲清雋。」（揷圖本中國文學史第四十九章）趙景深更著文辯白樸非豪放派，他說：「我對於後二書的論斷（指中國詩史和揷圖本中國文學史）有大部分的同意，而對於前一書的論斷（指散曲概論，趙氏在此文前引述）則持反面的意見。任中敏所輯元四家散曲，其中白樸有小令三十六首，套數四首，倘若仔細分析每一首散曲，則可以算作豪放派的，除了陸馮所舉的歡飲和漁父詞外，也只有慶東原第一首，陽春曲知幾四首（卽這曲子，陸馮且以爲『似豪放而實深婉』），佳人臉上黑痣和對景各一首，一共只有九首，還不到全部散曲的四分之一。所以因這極少數的豪放散曲而斷定白樸爲豪放派，是極不妥的。其餘三十一首都可以歸入清麗一派。任氏或者是受了王國維的暗示，我想，王國維在宋元戲曲史元劇之文章說：『仁甫似蘇東坡』，也是同樣不恰當的。卽以戲曲而論，白樸傳世之作如梧桐雨、牆頭馬上等也都屬於清麗而不屬於豪放派。」（白樸非豪放派，見譚正璧元曲六大家略傳引）王季烈也批評太和正音譜的譬喻不當，他說：「太和正音譜謂『仁甫之詞如鵬搏九霄』，以余觀之，則如曉風殘月，宜于淺斟低唱，而非銅琵琶鐵綽板唱大江東去也。」（孤本雜劇提要）這些都是反對把白樸歸之於豪放派的。吳梅說：「天籟一集，質其有文。」（中國戲曲概論）質其有文，似乎是說淸麗豪放兩具的。羅錦堂中國散曲史將白樸歸之清麗派，但卻評說：「所作散曲，多清俊飄逸，朗朗可喜。」（中國散曲史第二章）所謂「清俊」，當指清麗之作；所謂「飄逸」，當指豪放之作。梁乙眞元明散曲小史也將白樸歸之於淸麗派，他卻評論說：「他的散曲約存小令三十餘首，套數二首，頗俊逸有神，而小令尤爲淸雋。當我們讀他的戲曲時，每爲他華美婉妍的辭句所感動，但一讀到他的散曲，則知其中更包含着豪放、俊爽、秀美諸點，其成就高出劇曲之上。如勸飲酒（寄生草）、漁父辭（沈醉東風）是他豪放的例；吹、彈、歌、舞（駐馬聽）是他俊爽的例；春、夏、秋、冬（天淨沙）則是他秀美的例」。（元明散曲小史第一章）梁氏更仔細的分析出豪放、俊爽和秀美等不同的風格。蔣伯潛也以爲「白樸的散曲，較其劇曲更佳，兼擅豪放清新之長。」（詞曲第五章）

我們客觀地評論白樸散曲的風格，應該以他全部的作品來衡量，這樣一來，他的作品中清麗的較多，豪放的較少，一定要把他歸派的話，歸屬清麗派較歸屬豪放派是較爲適切的。白樸一方面古典文學修養很深，一方面心懷禾黍之悲，而生活又嚴肅，所以才造成他那種清俊、飄逸兩具的風格。正如劉大杰所說的：「因爲他受着元遺山的薰陶，得有古典文學深厚的根柢，在他的天籟集裏，表現他在詞上有良好的成績。他的生活嚴正，品格很高，在他的詞裏時現着故宮禾黍之悲。……因爲這種關係，所以他的散曲沒有關漢卿那種淺俗、那種清新活潑的野氣。」（中國文學發展史第二十二章）白樸散曲的風格，沒有關漢卿那種「淺俗」，那種「清新活潑的野氣」，這可能跟他的性格、生活以及文學修養有關，這也正是他構成自己獨特風格的道理。

現在我們來評析一下白樸的散曲。

一、表現隱逸思想的作品

白樸在散曲中，有表現隱逸思想和閒適生活的作品，有的表示厭棄功名利祿，深慕閒逸自適，有的則歌詠山水、田園、漁樵以及詩酒生活的樂趣，這一方面代表了元代大部分曲家的一般思潮，一方面也表露了白樸的「故宮禾黍之悲」的情操。這方面共有七首小令，其中兩首被懷疑可能不是白樸的作品。

「忘憂草，含笑花，勸君聞早冠宜掛。那裏也能言陸賈，那裏也良謀子牙，那裏也豪氣張華。千古是非心，一夕漁樵話。」（雙調慶東原一）

這首曲強烈的表現了隱逸思想。不管能言的也好，善謀的也好，豪氣的也好，到頭來終是一場空，說不定還要捲入是非漩渦中，還是及早掛冠解脫的好。作者不但已把功名利祿看得非常淡泊，同時還有深刻的警世意味。這首曲風格放逸，但造語卻很工巧。

「張良辭漢全身計，范蠡歸湖遠害機。樂山樂水總相宜。君細推，今古幾人知。」（中呂陽春曲知幾四）

作者盛讚急流勇退、功成身隱、全身遠害的張良和范蠡，這說明了仕途的險巇，功名榮祿的有如陷阱，因此他要潔身自保，樂山樂水。最後一句「今古幾人知」，是有很深的感歎的，儘管名利的不足慕，仕途的可畏，但是及早醒悟的畢竟不多。這首曲可說是放逸而又深婉。

「知榮知辱牢緘口，誰是誰非暗點頭。詩書叢裏且淹留。閑袖手，貧煞也風流。」（中呂陽春曲知幾一）

作者對世事的榮辱是非，都看得很透徹，因而自己體悟，不落入榮辱是非的漩渦之中，只在詩書叢裏尋求理想和寄托，生活雖貧乏，也自心安。這首曲風格也是放逸的。

「今朝有酒今朝醉，且盡樽前有限杯。回頭滄海又塵飛。日月疾，白髮故人稀。」（中呂陽春曲知幾（二））

這首曲表面看起來也是豪放之作，但是陸侃如馮沅君卻以爲「似豪放而實深婉」（中國詩史卷下），其實我們從內容來看，作者說「今朝有酒今朝醉」，看起來好像消極的頹廢，實際這正是他看透了人生，人生有限歲月，轉眼已成蒼老，「白髮故人稀」，該是多麼深沈的一句話，再加上「滄海又塵飛」，正寫出這塵世的紛雜和多變。作者有深沈的感傷，想藉酒來忘懷，所表現的正是放逸而深沈，陸馮的說法是很有道理的。

「不因酒困因詩困，常被吟魂惱醉魂。四時風月一閑身。無用人，詩酒樂天眞。」（中呂陽春曲知幾（三））

這也是一首豪放的曲，作者藉着詩酒來自得其樂，自適其志，表現出閒逸之情、天眞之意，同時也顯示了他對世事漠然不問的態度，自然表現出作者高潔的心志和灑脫的胸懷。

「長醉後方何礙，不醒時有甚思。糟醃兩箇功名字，醅渰千古興亡事，麴埋萬丈虹霓志。不達時皆笑屈原非，但知音盡說陶潛是。」（仙呂寄生草飲）

這首小令，周德清作詞十法收在四十定格裏，但未注明作者。堯山堂外紀以爲白樸作，天籟集摭遺從之。清李調元雨村曲話則歸馬致遠，任訥說：「李氏于四十首定格內，凡周氏評語未經說明何人所撰者，多歸之馬致遠，十九出於臆定，殊不足據。」（周德清作詞十法疏證）北宮詞紀外集注范子安（康）作，而於此首之後尚有「花尚有重開日」、「綠珠嬌人無比」、「形骸隨化紅塵」三首，題曰「酒、色、財、氣」，雍熙樂府亦此四首連列，題作「道情」，不注撰人。隋樹森說：「今案四曲分詠酒色財氣，詞紀外集范作說似可信。」（見全元散曲注）不過隋氏仍把這首曲重出於白樸曲中。

這首曲風格豪放，強烈的表達了對功名的厭棄，對世事的忘懷，只想藉酒來陶醉來忘形。這正反映了當時文人對時勢的消極反抗，也表露了他們放逸的生活態度。

這首曲造語非常自然，用典也非常允洽。周德清評說：「命意造語下字俱好。」（作詞十法十定格）任訥更是盛加讚許，他總括評論說：「明王世貞曲藻評『糟醃』以下五句曰：『諢中奇語也。』近人論散曲者，每好舉下文馬致遠天淨沙一首爲小令之表率，實則天淨沙用意平常，造語凝重，絕少疏放之致尚不足以表現元曲大部分之精神。周氏十定格四十首中，首標此詞，按其氣韻格律，則恰可爲元曲令詞之表率焉。蓋此詞協音之妙，已如周氏所云，若論其餘長處，尚有可述者五。元曲由元時一班潦倒之才人所造成，亦即由一班才人之潦倒所造成。此詞絕非諢語，其間憤世嫉俗遯世逃情之意味，極爲濃烈，足以表見元曲之成因，一也。元曲以豪放不羈趣高氣勁爲尚，此詞軒昂磊落，不同凡響，烈士壯心，寓懷言外，足以表現元曲之精神，二也。元曲以鳳頭猪肚豹尾爲法，其說不刊，此詞首二句俊快，腹聯三句豐滿，末二句響亮，允合步驟，足以表見元曲之法度，三也。元曲取材貴廣而雜，經史百家，俱供驅遣，而別有蹊徑，此詞用典使事，揮灑自若，絕不墮詩詞窠臼，足以表現元曲之文學手腕，四也。襯字有而不多，又逢雙皆對，而極自然，應有盡有，而恰如其分，足以表見元曲之體製，五也。綜此文字之五長，又益以聲音之諧協，以當令詞之表率，可謂無遺憾矣。」（周德清作詞十法疏證）任氏分析可謂精詳。

「黃蘆岸白蘋渡口，綠楊隄紅蓼灘頭。雖無刎頸交，卻有忘機友。點秋江白鷺沙鷗，傲殺人間萬戶侯，不識字烟波釣叟。」（雙調沈醉東風漁父）

這首曲中原音韻作詞十法十定格中不注撰人，堯山堂外紀屬白樸，盛世新聲、詞林摘艷、詞謔所收新水令「越王臺無道似摘星樓」套中皆有此曲，摘艷謂此套爲趙明道范蠡歸湖雜劇第四折，詞謔謂范子安所作。這首曲究係何人所作，似無定論。

梁乙眞擧這首小令爲白樸的散曲中豪放之例（見元明散曲小史第一章），劉大杰評爲「蕭疏放逸之至。」（見中國文學發展史第二十二章）從內容來看，這是一首放逸之作，作者描寫漁釣生活，遨遊大自然之間，同忘機友共同遊樂，逍遙自在，傲視王公，反映出那種豪放奔逸的情志和飄灑的生活情趣。

這首曲不但風格放逸，造語也爽朗明快，前面四句，兩兩相偶，詞意平允相稱，極其自然。王世貞曲藻評爲「意中爽語」，甚是恰當。

二、感懷人生的作品

白樸有一首小令，是對人生的感傷。

「黃金縷，碧玉簫，溫柔鄉裏尋常到。青春過了，朱顏漸老，白髮彫騷。則待強簪花，又恐傍人笑。」（雙調慶東原二）

這首曲寫人在青春年少時，可以風流浪盪，溫柔鄉裏尋常到，但是韶花易逝，歲月不待，一朝青春已迎，朱顏成白髮，一切歡樂都已成空。作者對時光的匆匆，歲月的不饒人，有很深刻的感傷，也有深刻的警人意味。這首曲風格樸茂，造語平實。

三、描寫景物的作品

白樸的散曲中，有很多首是描繪景物的，有的是描繪春夏秋冬四季的大自然景緻，有的是寫四季中不同的生活情趣，寫來都是清麗自然。小令有越調天淨沙春夏秋冬各兩首，雙調得勝樂春夏秋冬各一首，另外還有慶東原一首。套數則有詠雪和對景兩套。

「春山暖日和風，闌干樓閣簾攏，楊柳秋千院中。啼鶯舞燕，小橋流水飛紅。」（越調天淨沙春）

梁乙眞把春以下四首評爲「秀美」之作（見元明散曲小史第一章），劉大杰擧春秋兩首，評說：「寫景細密，文詞雅麗，自是由詞句中融化出來，而成為後來張、喬騷雅一派的先聲。」（中國文學發展史第二十二章）這首曲不但描繪出春日的晴麗天氣，還寫出庭院中的美麗景物和那種雅靜氣氛，再點綴上鶯啼燕舞以及流水飛紅，靜中又有着一種生動的氣息，把春日的美整個描摹出來。文辭更是雅麗而秀美。

「雲收雨過波添，樓高水冷瓜甜。綠樹陰垂畫簷。紗幮藤簟，玉人羅扇輕縑。」（天淨沙夏）

這首寫夏的曲也同樣是雅麗秀美。一開頭寫雨剛下過，水波增添，同時住在高樓上的人，也不再感到溽暑的炎熱，這時瓜正熟甜，接下來寫畫簷下，綠陰中，擺着紗幮藤簟，玉人正輕搖羅扇在納涼。這寫出夏日生活的安祥。

「孤村落日殘霞，輕烟老樹寒鴉。一點飛鴻影下。青山綠水，白草紅葉黃花。」（天淨沙秋）

羅錦堂以為這首曲可與馬致遠的「枯藤老樹」相比，稱為秋思雙絕（見中國散曲史第二章）這首曲寫出了秋日村野清幽靜美的晚景，景物之中，有靜有動，尤其顏色方面，「青山」、「綠水」、「白草」、「紅葉」、「黃花」，點綴得非常絢麗。

「一聲畫角樵門，半庭新月黃昏。雪裏山前水濱。竹籬茅舍，淡烟衰草孤村。」（天淨沙冬）

這首曲寫出冬日寧靜的氣氛，也描摹出衰枯冷寞的景象。文辭也同樣很秀美。

「暖風遲日春天，朱顏綠鬢芳年。挈榼攜童跨蹇。溪山佳處，好將春事留連。」（天淨沙

「參差竹筍抽簪，纍垂楊柳攢金。旋趁槐庭綠陰。南風解慍，快哉消我煩襟。」（天淨沙春）

「庭前落盡梧桐，水邊開徹芙蓉。解與詩人意同。辭柯霜葉，飛來就我題紅。」（天淨沙夏）

「門前六出花飛，樽前萬事休提。爲問東君消息。急教人探，小梅江上先知。」（天淨沙秋）

冬）

這四首小令陽春白雪屬白樸，太平樂府則屬朱庭玉，二集均爲楊朝英所編，何以前後不能一致，隋樹森以爲：「澹齋（楊朝英之號）初選陽春白雪誤屬仁甫，後選太平樂府乃改正。」（見全元散曲注）惟隋氏仍在白樸和朱庭玉兩家曲中互收。

這四首曲除了對四季的景色描繪得特別雅麗以外，也同時寫出了四季中的生活情趣。春季「挈榼攜童跨驢」，到「溪山佳處」去留連。夏季「南風解慍」，「快哉消我煩襟」，都是閒適生活的最好寫照。「解與詩人意同」，是作者把自己的情趣賦與大自然，使自然的景物更加生動，更加令人留連。在冬季寫道：「樽前萬事休提」，表明了作者閒逸的心志，不願爲俗事所煩擾。

這四首曲文辭也很秀麗。

「麗日遲，和風習，共王孫公子遊戲。醉酒淹衫袖濕，簪花壓帽簷低。」（雙調得勝樂春）

這首曲不但寫到春日的風和日麗，更寫到公子王孫出來遊戲，醉酒簪花，一片歡娛和樂。

「酷暑天，葵榴發，噴鼻香十里荷花。蘭舟斜纜垂楊下，只宜鋪簟枕向涼亭披襟散髮。」（得勝樂夏）

這首曲寫夏日的葵榴發，十里荷香，然後又寫到蘭舟纜在垂楊下，在涼亭中睡上一個清涼的覺，這該是多麼寫意的夏日生活。

「玉露冷，蛩吟砌，聽落葉西風渭水。寒雁兒長空嘹唳，陶元亮醉在東籬。」（得勝樂秋）

露冷、蛩吟、落葉、西風以及寒雁，點綴出秋日清爽的景色，然後醉酒東籬，也是閒適高雅的一種生活情調。

「密布雲，初交臘，偏宜去掃雪烹茶。羊羔酒添價，膽瓶內溫水浸梅花。」（得勝樂冬）

掃雪烹茶，羊羔美酒，這是冬日最安樂的生活享受，再加上梅花的點綴，情調就更高雅了。

這四首曲文辭也都是秀美的。

「暖日宜乘轎，春風宜訊馬，恰寒食有二百處秋千架。對人嬌杏花，撲人飛柳花，迎人笑桃花。來往畫船邊，招颭青旗掛。」（雙調慶東原三）

這首曲陽春白雪前集屬白樸，梨園樂府收新水令套內有此曲，歸之馬致遠，盛世新聲、雍熙樂府也收新水令套，俱不注撰人。原刊本詞林摘豔、北詞廣正譜此套則注王伯成作，隋氏全元散曲則白樸曲中收小令慶東原一調，而馬致遠曲中又收新水令套，套中亦有此首慶東原，小令與套曲中所收文字稍異，究係何人所作，難以斷定。這首曲寫得很秀美，四五六三個句子成扇面對，不但形式上顯得美巧，而且寫春日百花盛開，更增加了熱開的氣氛。暖日中乘轎，春風中訊馬，到處徜徉，眞是暢快，這首曲描寫遊賞情景非常生動。

「（大石調青杏子）空外六花翻，被大風灑落千山。窮冬節物偏宜晚，凍凝沼沚，寒侵帳幕，冷濕闌干。

（歸塞北）貂裘客，嘉慶捲簾看。好景畫圖收不盡，好題詩句詠尤難。疑在玉壺間。

（好觀音）富貴人家應須慣，紅爐暖不畏初寒。開宴邀賓列翠鬟，拚酡顏，暢飲休辭憚。

（么）勸酒佳人擎金盞，當歌者款撒香檀。歌罷喧喧笑語繁，夜將闌，畫燭銀光燦。

（結音）似覺筵間香風散，香風散非麝非蘭。醉眼朦朧問小蠻，多管是南軒蠟梅綻。」（詠雪）

這套曲描寫嚴冬的風雪天氣，景物方面只是輕描淡寫，而對冬季的生活卻寫得很詳細，尤其對那種富貴人家，開宴暢飲以及歌舞笑談的情景，寫得非常生動。這首曲風格清麗，文字也很順暢。

「（雙調喬木查）海棠初雨歇，楊柳輕烟惹。碧草茸茸鋪四野。俄然回首處，亂紅堆雪。

（么）恰春光也，梅子黃時節。映日榴花紅似血。胡葵開滿院，碎剪宮纈。

（掛搭沽序）倏忽早庭梧墜，荷蓋缺。院宇砧韻切，蟬聲咽。露白霜結，水冷風高，長天雁字斜，秋香次第開徹。

（么）不覺的冰澌結，彤雲布朔風凜冽。亂撲吟窗，謝女堪題，柳絮飛，玉砌長郊萬里，粉汚遙山千疊。去路賒，漁叟散，披蓑去，江上清絕。幽悄閑庭，舞榭歌樓酒力怯，人在水晶宮闕。

（么）歲華如流水，消磨盡自古豪傑。蓋世功名總是空，方信花開易謝，始知人生多別。憶故園，謾嘆嗟，舊遊池館，翻做了狐踪兔穴。休癡休呆，蝸角蠅頭，各親共利切。富貴似花上蝶，春宵夢說。

（尾）少年枕上歡，杯中酒好天良夜，休辜負了錦堂風月。（對景）

這套曲寫得非常明快爽利，境界又非常放逸，對春季的碧綠映紅，寫得意趣盎然。接着寫榴花紅、胡葵開的夏日景色。再下來寫秋季的淒清和冬季的凜冽。季節的轉變，景物的廻異，有着顯明的對照。再下來傷歲華之如流水，人生如夢，一切功名利祿到頭來總是成空。這同前面所寫的季節景物也有呼應和對比，由春夏的繁華，忽而變爲秋季的淒清、冬季的蕭索，正如人生由壯盛而垂老，由富貴利達而隱退一樣，都是令人嗟嘆的。最後則徹悟地說，不如趁好天良夜，藉杯中酒來自尋其樂。這套曲對人生有所徹悟，對生活表明了態度。

四、描繪事物的作品

白樸有駐馬聽四首，專詠吹彈歌舞四種事物。

「裂石穿雲，玉管宜橫清更潔。霜天沙漠，鷓鴣風裏欲偏斜。鳳凰臺上暮雲遮，梅花驚作黃昏雪。人靜也，一聲吹落江樓月。」（雙調駐馬聽吹）

「雪調冰弦，十指纖纖溫更柔。林鶯山溜，夜深風雨落絃頭。蘆花岸上對蘭舟，哀絃恰似愁人消瘦。淚盈眸，江州司馬別離後。」（駐馬聽彈）

「白雪陽春，一曲西風幾斷腸。花朝月夜，箇中唯有杜韋娘。前聲起徹繞危梁，後聲並至銀河上。韻悠揚，小樓一夜雲來往。」（駐馬聽歌）

「鳳髻蟠空，嫋娜腰肢溫更柔。輕衫蓮步，漢宮飛燕舊風流。謾催鼉鼓品梁州，鷓鴣飛起春羅袖。錦纏頭，劉郎錯認風前柳。」（駐馬聽舞）

這四首小令梁乙眞舉爲白樸散曲中俊爽的例（見元明散曲小史第一章）。這四首曲對吹彈歌舞的描繪，細緻而又饒有神韵，風格清俊，文字爽利。對吹的描繪說：「裂石穿雲」、「一聲吹落江樓月」，由效果上來寫技藝的神妙，用別的事物來襯托，更顯得美巧。對彈的描寫說：「哀絃恰似愁人消瘦」，用形象化的事物來比喻抽象的絃音，使人容易體悟，而作者也較易表現。再用一句典故「江州司馬別離後」，就更使人深思無窮了。對歌的描寫說：「一曲西風幾斷腸」，由歌聲動人的效果，來表現歌藝的高明，「前聲起徹繞危梁，後聲並至銀河上」，更能把抽象的歌聲和歌者的技巧形容得透徹顯明。對舞姿的描寫也是非常巧妙，「漢宮飛燕舊風流」，用歷史的故實，來表現目前的事物，有鮮明的映像和強烈的對比，可以使人追思神往。

五、描寫女子情態的作品

白樸對女子的神態、動作以及生活活動等方面，也有描寫得非常生動非常風趣的作品。「疑是楊妃在，怎脫馬嵬災。曾與明皇捧硯來，美臉風流殺。叵奈揮毫李白，覷着嬌態，灑松烟點破桃腮。」（仙呂醉中天佳人臉上黑痣）

這首曲中原音韻作詞十法十定格不注撰人，太平樂府屬杜遵禮，堯山堂外紀屬白樸，又云或以為杜遵禮作，天籟集摭遺從外紀，隋氏全元散曲白樸和杜遵禮曲中皆收錄。

這首曲寫得雖然有些嘲謔，但卻非常風趣，筆調輕鬆揮灑，文字自然流暢。周德清評說：「體詠最難，音律調暢。」（中原音韻作詞十法十定格）任訥評說：「體詠貴得神，在曲尤須饒有機趣，推陳出新，不但在辭意，直須在法，著詞之無中生有，烘托盡致，可謂曲中詠物之最高者。」（作詞十法疏證）由此可見這首曲體詠很成功，很傳神。

「雲鬟風鬢淺梳粧，取次樽前唱。比著當時口江上，減容光，故人別後應無恙。傷心留得，軟金羅袖，猶帶賈充香。」（越調小桃紅歌妓趙氏常為友人賈子政所親携之江上有數月留復予過鄧來有觴感而賦此俾卽席歌之）

這首曲對歌妓別後的容態，寫得很平實。而那幾句「傷心留得，軟金羅袖，猶帶賈充香」，把歌姬的深情寫得很深摯。用的文字並不華麗，但對一位歌妓的容態和深情，都能給人很深刻的印象。

六、描寫女子閨情的作品

白樸的散曲中，有很多首寫閨中女子相思的，文字靈活自然，表達含蓄深摯。

「輕拈斑管書心事，細摺銀箋寫恨詞。可憐不慣害相思。則被你箇肯字兒，拖逗我許多時。」（中呂陽春曲一）

梁乙眞說：「仁甫寫情的手段也很高，像『可憐不慣害相思，只被你箇肯字兒，拖逗我許多時』，何等眞摯。」（元明散曲小史第一章）從文字上看，這首曲很美，描寫心思很是細膩，對情的表露則眞摯感人。

「鬢雲懶理鬆金鳳，烟粉慵施減玉容。傷情經歲綉幃空。心緒冗，悶倚翠屏風。」（陽春曲題情二）

這首曲把一箇空守綉幃的閨中女子，她的思念、煩悶、傷情以及憔悴等都寫得非常細緻。容態的描摹，心理的表現，都照顧到了。文辭也很秀美。

「慵拈粉扇閑金縷，懶酌瓊漿冷玉壺。才郎一去音信疎。長嘆吁，香臉淚如珠。」（陽春曲情題三）

前兩句寫出煩愁慵懶的情態，第三句點出造成這種情態的原因，後兩句更加重形容思婦的深愁。

「獨自寢，難成夢，睡覺來懷兒裏抱空。六幅羅裙寬褪，玉腕上釧兒鬆。」（雙調得勝樂二）

這首描寫空閨獨寢的情態，因思念而夢中相會，寫得很婉艷，也表現了一種傷情。

「紅日晚，遙天暮，老樹寒鴉幾簇。咱爲甚粧粧頻覷，怕有那新雁兒寄來書。」（得勝樂三）

這首曲是輕描淡寫，看來非常樸實，但卻表現了相思的深情。前三句寫室外淒清的秋天暮景，由而襯托出閨中思婦身處的境地和氣氛。後兩句則由間接的表現方法，寫出思念的心情。

「紅日晚，殘霞在，秋水共長天一色。寒雁兒呀呀的天外，怎生不捎帶箇字兒來。」（得勝樂四）

這一首風格內容和前一首完全一樣，文字也是非常樸實。前三句寫秋日的暮景，是一幅幽靜雅麗的畫面。後兩句也是由間接的表現方法，寫出思念的心情。

「（仙呂點絳唇）金鳳釵分，玉京人去，秋瀟灑。晚來閑暇，針線收拾罷。

（么）獨倚危樓，十二珠簾掛，風蕭颯。雨晴雲乍，極目山如畫。

（混江龍）斷人腸處，天邊殘照水邊霞。枯荷宿鷺，遠樹棲鴉。敗葉紛紛擁砌石，修竹珊珊掃窗紗。黃昏近，愁生砧杵，怨入琵琶。

量執手臨歧話。（穿窗月）憶疎狂阻隔天涯，怎生人埋怨他，吟鞭醉裊青驄馬。莫喫秦樓酒，謝家茶，不思

歸期空畫短瓊簪，搵啼痕頻濕香羅帕。（寄生草）憑闌久，歸綉幃，下危樓強把金蓮撒。深沈院宇朱扉亞，立蒼苔冷透凌波襪。數

甚猶然不到家。（元和令）自從絕雁書，幾度結龜卦。翠眉長是鎖離愁，玉容憔悴煞。自元宵等待過重陽，

花。」（上馬嬌煞）歡會少，煩惱多，心緒亂如麻。偶然行至東籬下，自嗟自呀，冷清清和月對黃

（仙呂點絳唇）

這套曲寫得非常秀麗，一個在深閨中的女子，對別離遠行的情人的思念，在這裏表現得深沉而委婉。在淒清的秋日傍晚，一天的針線女工做完，獨倚危樓，極目遠望，思念遠人，這種悽愴愁苦，都在幽寂中表露。「數歸期空畫短瓊簪，搵啼痕頻濕香羅帕」，更表現了盼望和焦急的心情。曲中描摹四周的景物，更能增強氣氛，手法很高妙。

七、描寫情愛的作品

白樸有幾首寫男女歡情的作品，寫的生動而又自然。

「笑將紅袖遮銀燭，不放才郎夜看書。相偎相抱取歡娛。止不過迭應舉，及第待何如？」（

中呂陽春曲題情五）

盧前說這首曲「可謂妙絕了。」（詞曲研究第七章）羅錦堂說：「用這樣輕鬆的手法，表達出青年男女間純潔天真的情愛，可謂『樂而不淫』。」（中國散曲史第二章）這首曲所用的文字非常通俗，情調非常輕鬆，但卻把一對相愛中的男女的情態以及心理，活潑地刻劃出來，可謂眞摯而不淫謔。

「百忙裏鉸甚鞋兒樣，寂寞羅幃冷篆香。向前摟定可憎娘，止不過趕嫁粧，誤了又何妨！」（陽春曲題情六）

這首曲所表現的男女歡愛的情態和心理，以及所用的輕鬆筆法，可說是和前一首是異曲同工。寫男女的親熱，輕鬆活潑，用個「可憎娘」的倒反辭，更加風趣。

「獨自走，踏成道，空走了千遭萬遭。肯不肯急些兒通報，休直到教躭閣得天明了。」（雙調得勝樂二）

這首曲描寫探訪情人時那種焦急期盼的情狀，由他的行動表現以及心理反應，可以看出他的深情摯愛。文字非常樸素，但卻生動地寫出了戀念的情狀和心情。

「從來好事天生儉，自古瓜兒苦後甜。你娘催逼緊拘鉗。甚是嚴，越間阻越情忺。」（陽春曲題情四）

這首曲寫愛情遭遇到了阻礙，母親催逼拘鉗，使自已不能同心中思念的人親近，好事偏遇磨折。曲中以對方的口吻來訴說，有一種寬慰的口氣，也有鼓勵的意思，由此可以看出愛情的深摯。這首曲文辭很淺白。

八、歌詠故事的作品

白樸有一套歌詠蘇卿、雙漸和馮魁戀愛故事的套曲，寫的非常好。

「（小石調惱煞人）又是紅輪西墜，殘霞照萬頃銀波。江上晚景寒煙，霧濛濛，風細細，阻隔離人蕭索。

（么）宋玉悲秋愁悶，江淹夢筆寂寞。人間豈無成與破，想別離情緒，世界裏只有俺一箇。

（伊州遍）爲憶小卿，牽腸割肚，悽惶悄然無底末。受盡平生苦，天涯海角，身心無箇歸着。恨馮魁，趨恩奪愛，狗行狼心，全然不怕天折挫。到如今剗地吃躭閣，禁不過，更那堪晚來暮雲深鎖。

（么篇）故人杳杳，長江風送，聽胡笳嚦嚦聲聒聒。一輪皓月朗，幾處鳴榔，時復唱和漁歌。轉無那，沙汀蓼岸，一點漁燈相照，寂寞古渡停畫舸。雙生無語淚珠落，呼僕隸指撥水手，在意扶柁。

（尾聲）蘭舟定把蘆花過，櫓聲省可裏高聲和。恐驚散宿鴛鴦，兩分飛也似我。」（小石調惱煞人）

這套曲主要是寫雙生失戀的感傷和悲愁。一開頭惱煞人一調全寫景物，用那樣秀麗的詞語，寫出一幅江邊晚照的美景，由這些靜美的景物，一轉而言「霧濛濛，風細細，阻隔離人蕭索」，襯托出了離人的悽清和孤寂。么篇中用「宋玉悲秋」和「江淹夢筆」，來做對比，烘托出別離情緒，更加深刻。伊州遍正式寫出雙生爲憶小卿而愁苦，尤其怪怨馮魁趨恩奪愛，以致自已到現在吃躭閣，弄得孤單單，受不了這晚來暮雲深鎖的沉悶悽苦。么篇用江邊月夜的悽寂景物，襯托隻影孤形的悽苦。尾聲中「恐驚散宿鴛鴦，兩分飛也似我」，由眼前的景物，比喻自身的情境，深刻而又生動。這首曲文辭淸麗委婉，用典譬喻都很安切。

第四章 馬致遠

第一節 馬致遠的生平

馬致遠的生平事蹟，見於記載的也很少，現在祇能根據這些零星的材料，考知他一些事蹟。

一、名號與故里

據錄鬼簿的記載，馬致遠，號東籬老（此據天一閣藏明抄本，曹寅刻本則作「東籬」），大都人。錄鬼簿沒說明「致遠究竟是名或是字，如依錄鬼簿的一般習慣，曲家多稱字而後曰名某，看起來「致遠」像是字，可能名已不傳，但也可能無字，或字不傳，實難論定。號當是東籬，加一「老」字，或中年以後之稱。

二、元有兩馬致遠

王國維指出，元有兩馬致遠，曲錄云：「案元有兩馬致遠，錢謙益列朝詩集甲十三有張學士以寧題馬致遠清溪曉渡圖，自注云：『致遠、廣西憲掾、子琬、從余學。』琬字文璧、秦淮人，則其父非大都之馬致遠也。」譚正璧云：「按清褚人穫堅瓠集載有元扶風馬文璧琬作謫卦事，則另一馬致遠又當爲陝西人矣。」（元曲六大家略傳）不管另一馬致遠是秦淮人也好，是陝西人也好，同曲家大都的馬致遠絕非一人，另一馬致遠既未聞有曲作，而曲家馬致遠也未聞長於繪事，所以二者不可能是一個人。

三、科名與官職

有人以爲馬致遠中過曲科狀元，元貫仲明淩波仙詞云：「萬花叢裏馬神仙，百世集中說致遠，四方海內皆談羨。戰文場，曲狀元，姓名香貫滿梨園。漢宮秋，青衫淚，戚夫人，孟浩然，共庚白關老齊肩。」於是就有人根據這首詞說馬致遠中過曲科狀元。明臧懋循元曲選序卽說：「或謂元取士有塡詞科，若今括帖然，取給風簷寸晷之下，故一時名士，雖馬致遠，喬孟符輩，至第四折，往往強弩之末矣。」臧氏亦疑元以曲取士。華連圃更列擧三證以明其說（註一），譚正璧也據淩波詞，以爲信有其事（註二）。但反對此說的人，以爲元史選擧志並無曲科之記載，其事可疑。任訥更引證說：「余觀梁茝林南省公餘錄，引胡震亨讀書雜錄，謂其友秀水屠用明藏元代皇慶三年鄉試錄一帙，所載考試程式與元史選擧志無異，則元未嘗以詞曲取士，信矣。」（曲諧卷四）除賈仲明詞之外，元代資料別無記載以曲取士之事，元史選擧志也未提及曲科，正史當較可據，再加任訥所引資料對證，元代科擧中實在沒有曲科。況且元廢科擧數十年，直到仁宗延祐元年（西元一三一四）八月始恢復，致遠此時，當已邁老（註三），既或有曲科之制，他也不可能這時才得科名。我們注意賈仲明詞中三句：「戰文場，曲狀元，姓名香貫滿梨園。」主要是說他名貫梨園，那麼所說的「曲狀元」，未必是實指科名，而是指他是文壇老手，曲界中翹楚。

馬致遠曾任江浙省務提擧（見錄鬼簿），譚正璧云：「按東籬所官，當爲儒學提擧。」（元曲六大家略傳）據清魏源元史新編：「儒學提擧司，秩從五品；各處行省所署之地，皆司一置，掌諸路、府、州、縣學校、祭祀，敎養、錢糧之事，及考校呈進，撰述文字。每司提擧一員，從五品；副提擧一員，從七品；吏目一員，司吏二人。蒙古提擧學校官，提擧，從五品；同提擧，從七品；各一員。至元十八年置，惟江浙、湖廣、江西三省有之，餘省不置。官醫提擧司，秩從六品，提擧、同提擧、副提擧各一員，掌醫戶、差役、詞訟，至元二十五年置，河南、江浙、江西、湖廣、陝西五省各立一司，餘省無。」馬致遠做江浙省務提擧，而江浙行省只有儒學及官醫提擧，馬致遠未聞通醫學，而爲一文士，所以推測他做儒學提擧是很合理的。根據元史百官志、地理志和世祖本紀，世祖至元二十二年（一二八五）始置江浙行省，則致遠爲江浙省務提舉，必在至元二十二年以後。

四、書會中人

賈仲明淩波仙詞：「元貞書會李時中、馬致遠、花李郎、紅字公，四高賢合捻黃粱夢。東籬翁，頭折寃，第二折商調相從，第三折大石調，第四折是正宮。都一般愁雲悲風。」元貞為元成宗的年號（一二九五——一二九七），馬致遠參加書會必定在這三年之中。會中之人，李時中也是文人，而花李郎和紅字公（即紅字李二）都是倡夫。可見這個組織，完全是由曲界人士合組而成的。

五、生卒年代

錄鬼簿列馬致遠為「前輩已死名公」，和關、白為同一時期，關白我們已知都是由金入元之人，致遠又同李時中、花李郎、紅字公等組織書會，四人亦必同時，王國維宋元戲曲史謂紅字公、花李郎二人與關漢卿時代不甚相遠，那麼馬致遠同關漢卿的時代也該不甚相遠。如果我們假設致遠參加元貞書會時（一二九五——一二九七）是四十歲左右，上推到至元二十二年（一二八五），此年（或以後）致遠任江浙省務提舉，其時年約三十歲左右。由此再上推三十年，則致遠生年，當在宋理宗寶祐四年（一二五五）左右，即金亡後十五年左右，可能較關漢卿晚三十五至四十年。

我們看馬致遠散曲中自白的話，雙調蟾宮曲嘆世一云：「東籬半世蹉跎。」大石調靑杏子悟迷套中開頭說：「世事飽諳多，二十年漂泊生涯，天公放我平生假。」般涉調哨遍套開頭說：「半世逢場作戲，險些兒誤了終焉計。白髮勸東籬，西村最好幽棲。」由這些話可以知道，他前半世是在塵世中浮沉，過了二十年的「漂泊生涯」，那麼我們說他四十以後參加書會，過着退休的生活是很合理的。他自二十歲以後卽追求功名，飽諳世事，這段時間也包括他做江浙省務提擧在內。馮沅君古劇四考跋注云：「照常理論，他這『漂泊生涯』的開始當在二十歲左右，到曉得『西村最好幽棲』的時候，他已四十上下，所以一則曰『半世』，再則曰『白髮』。世路上碰了壁，他便退而爲『風月主』。元貞時在書會中與花李郎諸人厮混，集體的編劇，十之八九是後『半世』的事。元貞始於一二九五年，先後只二年，由此上推，他應生於一二五〇年前後。」馮沅君所推擬的很近情理，和我們所推算的非常接近。

馬致遠的卒年，當在錄鬼簿和中原音韻成書之前，因錄鬼簿旣稱他爲「前輩已死名公」，則書成時馬氏必已死去，錄鬼簿成於元文宗至順元年（一三三〇）。進一步再看中原音韻，序中有云：「其備則自關鄭白馬，一新製作……諸公已矣，后學莫及。」旣言「諸公已矣」，可見四人均已不存。中原音韻成書於泰定元年（一三二四）。由此可知馬致遠在一三二四以前已死。又北詞廣正譜載馬致遠散套零章，有中呂粉蝶兒散套云：「至治華夷，正堂堂大元朝世，應乾元九五龍飛。萬斯年，平天下，古燕雄地。日月光輝，喜氤氳一團和氣。」此乃頌美元英宗之作。英宗至治共有三年（一三二一——一三二三），此時致遠仍在世。由此推算，致遠卒年當在英宗至治元年以後，泰定元年以前（一三二一——一三二四）。我們這樣推算，應該是很合理的。這樣看來，致遠在四十歲左右加入元貞書會以後，可能就沒再任官職，而過着「酒中仙」、「風月主」的浪漫生活，晚年更歸於「林間友」、「塵外客」的閒適生活，死時七十歲左右。

【註一】華連圃戲曲叢談云：「元人以曲取士，世多疑之，余以爲未可疑也，請列三證以明之：明沈德符顧曲雜言云：『元人未滅南宋時，以此定士子優劣，每出一題，任人塡曲，如宋宣和畫學，出唐詩一句，恣其渲染，選其能得畫外趣者登高等，以故宋畫元曲，千古無匹。元曲有一題傳至四五本者，予皆見之。』夫一題得見四五本，顯然其爲場屋中所製，其證一也。明臧晉叔元曲選序云：『元以曲取士，設有十二科，而關漢卿輩爭挾長技自見，至躬踐排場，面傅粉墨，以爲我家生活，偶倡優而不辭。明末吳梅村北詞廣正譜序云：蓋當時固嘗以此取士，士皆傅粉墨而踐排場，一代之文人，皆從此描眉畫頰，詼諧調笑而出之，固宜其擅絕千古。』夫朝士大夫既能不辭於描眉畫頰，可以想見其君必深好之，其君能深好之，則設科取士，當然可能，其證二也。明寧獻王太和正音譜列雜劇十二科，明沈寵綏度曲須知云：『自元人以塡詞制科，而科設十二，命題惟是韻脚以及平平仄仄譜式，又隱厥牌名，俾舉子以意揣合，而敷平配仄，塡滿詞章，折凡有四，如試牘然，合式則標甲榜，否則外孫山矣。』夫十二科之科目俱在，其入科塡詞之法又綦詳，其證三也。以上諸說。皆明代通人之語，絕非荒唐無根之論，雖不見於元人著述，約亦去元人未遠也。清梁廷枏曲話云：『元人百種佳處，恆在第一二折，奇情壯采，如人意所欲出，至第四折則了無意味矣。世遂謂元人以曲取士，百種雜劇，多出於場屋，第四折爲強弩之末，故有工拙之分，然考之元史選擧志，固無明文，或亦傳聞之誤也。』自梁氏著此論後，世人遂羣起疑古，不知梁說適足爲元人以曲取士之證，不足爲反證也。蓋元史作者與前引諸家皆爲明人，何遽信其一，而疑其餘耶？且元史選擧志雖無明文，安知其非掌史者所佚乎？

註二　譚正璧元曲六大家略傳引華連圃文後按云：「按元人以曲取士之說，迄於今日，信者疑者仍參半，而其所引證，皆不出明人著作。然賈仲明淩波仙一詞，可信爲有其事之證明。仲明元末人，其言當然較明人爲可信。所謂『戰文場，曲狀元』，非明指應曲科，中魁首而何？但仲明詞僅附載於天一閣藏鈔本錄鬼簿，此書近始發現，故前人多未徵引及之，因此事不經確定，則東籬中曲科狀元一說便成虛懸，故不憚詞費，除詳引華連圃所論外，再爲補論如上。」

註三　中原音韻序云：其備則自「關鄭白馬，一新製作。……諸公已矣，后學莫及。」言「諸公已矣」，可見中原音韻成書時四人皆已沒世，中原音韻成書於泰定元年（一三二四），距元恢復科擧不過十年，此時馬致遠亦是晚年矣。詳見下文「生卒年代」一目

第二節　馬致遠的雜劇

一、總　目

馬致遠的雜劇，各家著錄不一。近代學者的考證，也多紛歧。最多的當推梁乙眞元明散曲小史，認爲馬氏所作的雜劇有十七種之多。羅錦堂現存元人雜劇本事考也說馬氏雜劇十七本，但沒有全目，恐是從梁氏的說法。傅大興元雜劇考著錄十六本。譚正璧元曲六大家略傳，認爲馬氏所著雜劇，只有十三種。這些說法，都還沒有定論，不過著錄多的，重複的成分比較多，如傅大興元雜劇考所著錄的，傅氏自己也不能肯定，只是姑錄待考的，就有兩本之多，就此看來，馬氏雜劇的本數，從少的比較精確些，現在依此暫定馬氏的雜劇爲十四本，錄其名目，並作說明，如下：

破幽夢孤雁漢宮秋，江州司馬青衫淚，泰華山陳摶高臥，半夜雷轟薦福碑，呂洞賓三醉岳陽樓，馬丹陽三度任風子，邯鄲道省悟黃粱夢。

以上七本全存。

劉阮誤入桃源洞。（此本有殘曲）

凍吟詩踏雪尋梅，風雪騎驢孟浩然，呂蒙正風雪齋後鐘，劉伯倫酒德頌，呂太后人彘戚夫人，孟朝雲風雪歲寒亭。

以上六本全佚。

1. 傅大興元雜劇考著錄王祖師三度馬丹陽一本，與馬丹陽三度任風子別出，但也不能肯定兩劇是不是重複，譚正璧元曲六大家略傳，則肯定兩本係重複。

2.凍吟詩踏雪尋梅，風雪騎驢孟浩然，譚正璧元曲六大家略傳合爲孟浩然踏雪尋梅一本，並云已存。按今存題名孟浩然踏雪尋梅一劇，見於息機子古今雜劇選，實係明初朱有燉的作品，譚氏可能因此作而把馬氏的兩本，合爲一本，今從傅氏，仍分兩本。

3.譚正璧元曲六大家略傳著錄誤入桃源一劇有傳本，其實今存本爲劉晨阮肇誤入天台，爲王之一的作品。馬致遠劉阮誤入桃源洞，今只有殘曲一支，見太和正音譜及北詞廣正譜，收在趙景深元人雜劇鈎沈中。

4.傅大興元雜劇考，根據呂天成曲品，著錄馬致遠牧羊記一劇。此劇旣不見於錄鬼簿、太和正音譜的著錄，劇名又與明傳奇類似，恐是戲文。在沒有其他證據之前，馬氏此劇，應該存疑。

5.梁乙眞元明散曲小史，著錄馬致遠有金山寺一劇，經譚正璧讀曲小記的考證，金山寺實在是馬氏的散套，而不是雜劇。

二、幽夢孤雁漢宮秋

馬致遠最有名的一個劇本，當推破幽夢孤雁漢宮秋，這是一本歷史劇，演昭君和番事：漢代元帝在位，後宮妃嬪，都姿色平常，元帝心中不樂。於是從中大夫毛延壽之請，遍行天下，刷選美女。將選中美女，各圖形一軸，送呈元帝，以便按圖臨幸。

成都秭歸縣農夫王長者之女，名嫱、字昭君，光彩射人，國色天香。延壽允選爲第一，唯要索賄百兩黃金。王氏不允，延壽乃將昭君圖形上，故意點上些破綻，使其至京後，發入冷宮，受苦一世，以報不允送銀之恨。

昭君至京後，果然落選，退居永巷，無緣得見元帝。一夕、夜深孤悶。昭君彈琵琶遣興，被元帝聽見，尋聲而至，見面之後，驚爲天人，說：「看卿這等體態，如何不得近幸？」昭君說出經過，元帝乃將昭君封爲明妃，並下旨將延壽斬首。

延壽聞訊，逃至匈奴，並將昭君圖形獻於呼韓邪單于。單于見圖雀躍，乃敎番使來朝，索昭君爲閼氏。元帝大怒不允，但昭君深明大義，以國事民命爲重，慨然請往。元帝無奈，只好答應。

昭君臨行，元帝親送於灞陵橋上，依依而別。昭君見了單于，在黑龍江番漢交界處，借酒一杯，祭奠國土，然後投江而死。單于感其忠義，於是將延壽縛送漢朝。元帝也將延壽斬首，祭奠昭君。

王昭君和番的事，正史有據，具見前後漢書，但誅畫工之說，則是出於西京雜記。本劇寫昭君投江而死，則於正史不合，可見馬致遠別有一番寄托。

在漢書匈奴傳中記載，昭君先配呼韓邪單于，生一男伊屠智牙師，爲右日逐王。呼韓邪死，雕陶莫皋立，又妻王昭君，生二女，長爲須卜居次，次爲當於居次。是昭君在匈奴，不但兩嫁，而且生有一男二女。馬氏的時代，蒙古入主中國，漢族呻吟於異族鐵蹄之下，身心之痛苦，非筆墨所得形容。因此馬氏若單寫漢元帝和王昭君的戀愛故事，儘可以根據史實着筆，即寫成兩地相思，也無不可。現在馬致遠一定要把王昭君最後的結局，寫成如此：

旦云：「大王，借一盃酒望南澆奠，辭了漢家，長行去罷。」（做奠酒科）云：旦云：「漢朝皇帝，妾身今生已矣，尙待來生也。」（做跳江科）

這充分說明了馬致遠的民族自尊心，絕不甘心以漢族女子去侍奉異族，寧讓她投水取義。

在昭君和番之時，匈奴並非強盛得漢所不能抵敵，否則雖和親也不能抵消匈奴的侵略，現本劇則謂匈奴強盛，所以漢不能敵，此也是馬致遠借古諷今，不如此不足以表達亡於異族的慘痛，不如此不足以表達其滿腹的牢騷：

（牧羊關）與廢從來有，干戈不肯休。可不食君祿，命懸君口。太平時賣你宰相功勞，有事處把俺佳人遞流。你們乾請了皇家俸，着甚的分破帝王憂。那壁廂鎖樹的拍彎着手，這壁廂攀欄的怕攧破了頭。

眞是罵盡了一班誤國的大臣。

本劇是一個末本，由漢元帝主唱。本來論題材，由昭君口中着筆，比較容易。馬致遠取難捨易，一來與他優於末本有關，二來也是馬氏自居主人翁的地位，以漢元帝爲全民族之寫照，至自己所最愛的美人，也無法自保，見獻異族，這是在最痛處下鍼砭，馬致遠用意之深，於此可見。

再說，全劇的高潮，應在被逼遣妃，以及灞橋送行等處，因爲這是生離死別，最傷心之處。

但是馬致遠鋪出第四折，以幽夢之相會，說出事後思妃的痛苦，未嘗沒有國破家亡之後，痛定思痛的餘味，與箕子見麥秀漸漸而傷殷之亡，周士見彼黍離離而傷周之遷，正有相同的感傷。

史實中本沒有誅殺畫工相關之事，本劇則蓄意刻劃毛延壽這誤國的奸臣。

毛延壽在楔子中上場說：

「爲上鵰心雁爪，做事欺大壓小，全憑諂佞姦貪，一生受用不了。」

活活描寫他那姦佞的嘴臉。在第一折他又自道：

「大塊黃金任意撾，血海王條金不怕，生前只要有錢財，死後那管人唾罵。」

把那種死要錢，爲了錢什麼都做得出來的小人面目，刻劃的非常生動。馬致遠要這樣寫，完全是把毛延壽當作一個漢奸的典型來寫。因爲一個國家之亡，大多是在外有強敵，內有漢奸的情形下，走向滅亡。否則，團結一致，共禦外侮，則雖有強敵，也不會一定走向覆亡的道路。所以漢奸實比強敵，更爲可怕，也更爲可恨。馬氏遭遇亡國之痛，那種漢奸嘴臉，對外敵卑躬屈膝，對同胞狐假虎威，仗勢欺人。馬氏對此不能沒有感觸，所以在本劇中彫塑了毛延壽這個角色，實際上則罵盡了宋朝那些賣國的漢奸。

試看馬氏借元帝的口說：

「我養軍千日，用軍一時，空有滿朝文武，那一個與我退的番兵？都是些畏刀避箭的，恁不去出力？怎生教娘娘和番。」

平時食國家俸祿，戰時則畏刀避箭，可說罵盡了這班誤國的庸臣，如此說來，「已後也不用文武，只憑佳人平定天下便了」。（亦第二折漢元帝白）

至於漢奸的下場，則鮮有善終。因其不但爲民族所唾棄，也爲異族所不容。利用過後，走狗必烹，這是很自然的道理。馬致遠借呼韓邪的口，說出毛延壽的下場：

「似這等姦邪逆賊，留着他終是禍根，不如送他去漢朝。……」

於是漢奸下場，身首異處。馬致遠處決毛延壽的處理方式，抒發了民族痛恨漢奸的悲憤。

前賢都推許漢宮秋的曲文。如清梁廷枬曲話，認爲本劇第一折的混江龍和賺煞極好：

（混江龍）料必他珠簾不掛，望昭陽一步一天涯。疑了些無風竹影，恨了些有月窗紗。他每見絃管聲中巡玉輦，恰便似斗牛星畔盼浮槎。是誰人偷彈一曲，寫出嗟呀？莫便要忙傳聖旨，報與他家！我則怕，乍蒙恩把不定心兒，怕驚起宮槐宿鳥，庭樹棲鴉。

（賺煞）且盡此宵情，休問明朝話。到明日多管是醉臥在昭陽御榻。休煩惱，吾當且是要鬪，卿來便當眞假。恰纔家輦路兒熟滑，怎下的眞個長門再不踏。明夜裏西宮閤下，你是必悄聲兒接駕，我則怕六宮人攀例撥琵琶。

認爲是寫景寫情，當行出色，元曲中第一義也。王季烈則除了混江龍一曲外，還欣賞第一折的點絳唇，和第三折的新水令：

（點絳唇）車碾殘花，玉人月下吹簫罷。未遇宮娃，是幾度添白髮。

（新水令）錦貂裘，生改盡漢宮裝，我則索看昭君畫圖模樣。舊恩金勒短，新恨玉鞭長。本是對金殿鴛鴦，分飛翼，怎承望？

王氏認爲這幾曲皆詞旨妍麗，跟王實甫的西廂記可相頡頏。他們所欣賞的大多偏於前半部，其實後半部元帝與昭君分別後，曲文好的還很多，如

（梅花酒）呀！俺向着這迥野悲涼，草色已添黃。兔起早迎霜，犬褪得毛蒼，人搠起纓鎗，馬負着行裝，車運着餱糧，打獵起圍場。他他他，傷心辭漢主；我我我，携手上河梁。他部從入窮荒，我鑾輿返咸陽。返咸陽，過宮牆；過宮牆，繞迴廊；繞迴廊，近椒房；近椒房，月昏黃；月昏黃，夜生涼；夜生涼，泣寒螿；泣寒螿，綠紗窗；綠紗窗，不思量。

卽景寫情，自遼濶的原野，漸漸縮小到宮牆、紗窗，最後歸到思念昭君的一片想思貞情，所以接着說：

（收江南）呀！不思量，除是鐵心腸，鐵心腸也愁淚滴千行。……

此情此曲，很容易引起觀衆心中的共鳴。這也是馬氏曲詞的佳妙處。

對於漢宮秋一劇，自然也有持批評貶斥的態度的。這一些學者，或者以爲漢宮秋只是描寫皇帝與美人的色情糾紛（註一），或者則以爲故事本身太簡單，前半不能有梧桐雨那樣的大場面，因此前後比較起來，不能使人感動（註二）。

故事簡單，結構較鬆懈，這的確是本劇的缺點。不過，本劇以昭君自沉，元帝聞雁聲作結，

充滿了悽楚的情調，尤其孤雁掠空悲鳴，烘託之意境，極爲高遠，就似他的小令名作天淨沙一樣。從此點看，本劇實不愧是元劇中的傑作。至於說本劇是寫皇帝美人的色情糾紛，則完全是偏激之詞了。

明懋循叔元曲選，把漢宮秋列爲第一本。淸焦循劇說云：「元明以來，作昭君雜劇者有四家，馬東籬漢宮秋一劇，可稱絕調。」凡此種種，都可見馬致遠知己之多了。

三、江州司馬靑衫淚

江州司馬靑衫淚是馬致遠現存劇本中，唯一的一個戀愛劇，全劇大意是：

唐憲宗時，吏部侍郎白居易，素與元稹、賈島、孟浩然相契厚。一日，同往訪長安名妓裴與奴。與奴重居易之文彩，遂許終身。

居易以事左遷江州司馬，江西茶商劉一郎，聞與奴貌美，欲娶之。裴母遂僞造居易遺書，謂其已死，使與奴絕念，終被劉一郎娶去。

與奴隨一郎南下，過江州夜泊，思念居易，在月下撥琵琶自遣。適居易至江邊送元稹，聞聲尋至。與奴見白，知其未死，遂泣訴始末。乃乘劉一郎醉臥之際，與白俱歸。其後，元稹採訪回京，奏請復白居易爲侍郎，又奏一郎僞書誑妄，憲宗乃以與奴賜居易，而治劉一郎罪。

本劇是將白居易的琵琶行敷衍而成。白氏的琵琶行，有序。

「元和十年，余左遷九江郡司馬。明年秋，送客湓浦口。聞舟中夜彈琵琶者，聽其音，錚錚然，有京都聲。問其人，本長安倡女，嘗學琵琶於穆、曹二善才。年長色衰，委身爲賈人婦。遂命酒，使快彈數曲。曲罷憫默，自敍少小時歡樂事，今漂淪顦顇，徙於江湖間。余出官二年，恬然自安，感斯人言，是夕始覺有遷謫意。因爲長句歌以贈之，凡六百一十二言，命曰琵琶行。」

可見本劇情節，與白居易的琵琶行，很有出入。淸黃文暘曲海總目提要，舉出其中幾個要點：

1. 白居易跟元稹最要好，但白貶官時，元亦貶官，並無採訪江南之事。

2. 賈島雖跟居易同時，但極少往還。

3. 孟浩然開元天寶時人，跟白居易時代相去甚遠，不能來往，其理甚明。

大略馬致遠託名裴興奴，以實其事，主要是抒發馬氏自己胸中的鬱積煩悶。本劇對孟浩然頗爲崇敬，稱他爲灞陵橋踏雪尋梅客（第一折金盞兒），又說白居易「詩篇壓孟浩然」（第二折滾繡毬），詩篇以孟浩然爲競爭的對象，可見馬致遠心目中孟浩然的份量。馬氏另有凍吟詩踏雪尋梅，風雪騎驢孟浩然雜劇，皆以孟浩然爲主角。馬對孟浩然欣賞如此，所以在白居易的戲劇中，拉進了孟浩然，乃是馬致遠的下意識行動，並沒有去考慮二者時代的不合。況且就戲論戲，不能以此責備馬氏的不通的。

本劇的結構，因爲是據琵琶行詩篇敷衍而成的關係，所以並不顯得特出。

曲文方面，楔子的仙呂端正好，很有意境；

有意送君行，無計留君住。怕的是君別後有夢無書，一尊酒盡青山暮。我搵翠袖，淚如珠；你帶落日，踐長途。情慘切，意躊躇。你則身去心休去。

還有第一折的正宮端正好：

命輕薄，身微賤。好人死萬萬千千，世間兒女別離徧，也敷不上俺那陽關怨。

描寫離情別愁，十分傳神。

第三折是本劇曲文最好的，如：

(新水令)正夕陽天濶暮江迷，倚晴空楚山叠翠。冰壺天上下，雲錦樹高低。誰請王維，寫愁入畫圖內。

(駐馬聽)常教他盡醉方歸，是他拂茶客青山沽酒旗，伴着我死心搭地。是兀那隱離人，望眼釣漁磯。則是遞流花草武陵溪，幽囚風月藍橋驛。直恁的天濶鴈來稀，莫不是衡陽移在江州北。

寫江景的疏濶，寫閨怨的纏綿，都是上佳的手法。末尾鴛鴦煞一曲，更是全折的高潮，說不盡的哀怨，道不盡的委屈，都在這一曲中傾瀉無餘了：

若不是浮粱茶客十分醉，怎奈何江州司馬千行淚。早則你低首無言，仰面悲啼。暢道情血痕多，青衫淚濕，不因這一曲琵琶成佳配。淚似把推崙，添滿潯陽半江水。

四、仕隱劇

半夜雷轟荐福碑，泰華山陳摶高臥，是馬致遠現存的兩個仕隱劇，現在先論荐福碑：

宋人張鎬，因落魄不得志，暫棲張浩莊內，教些學生讀書爲活。後遇友人范仲淹，范修書三封，命鎬前去投奔權貴。一面上奏天子，保舉張鎬爲官。待天子詔下，任張鎬爲吉陽縣令。張浩見張鎬已經遠出，遂冒名頂替，赴官上任。

張鎬以所投權貴，都已去世，於是決意返歸，途中與張浩相逢。張浩唯恐事洩，乃派趙實前往暗殺。張鎬百般求饒，說明眞相，趙實才放他逃生。

張鎬寄宿薦福寺，寺僧憐其命蹇，擬拓送唐代顏眞卿所書之一統碑，打做法帖，賣一貫錢一張，以做盤纏。不料當晚雷雨大作，轟碑碎裂。因張鎬前曾於無意中得罪龍神，故碎碑以窘之。

張鎬至此，心灰意懶，正欲自裁厭世，忽傳范仲淹尋訪，一起至京，得中頭名狀元，並治張浩之罪，及謝趙實當年放其逃生之恩。

按本劇是據宋釋惠洪冷齋夜話加以點染而成。但夜話說：

「范文正公（仲淹）鎭鄱陽，有書生獻詩甚工，文正禮之。書生自言：天下之至寒餓者，無在某右。時盛行歐陽率更書薦福寺碑墨本，直千錢文。文正爲具紙墨，打千本使售於京師。

紙墨已具，一夕，雷擊碎其碑。故時人爲之語曰：『有客打碑來薦福，無人騎鶴上揚州。』東坡作窮措大詩曰：『一夕雷轟薦福碑。』」

可見張鎬、張浩等之人名，以及冒官、滅口等情節，皆出於臆造。大略馬氏作此劇時，頗有憤世疾俗之意，所以本劇中，也多諷刺之語。如第一折的寄生草：

這壁攔住賢路，那壁又擋住仕途。如今這越聰明，越受聰明苦。越癡呆，越享了癡呆福，越糊塗，越有了糊塗富。則這有銀的陶令不休官，無錢的子張學干祿。

罵得痛快之中，又含有多少悲痛。像這樣的曲文，本劇中處處皆是。尤其第三折，文雅之中，更有一股豪放的氣魄在內，眞是馬氏嘔心之作。現在試錄幾曲如下：

（普天樂）謝吾師傾心愛，有田文義氣、趙勝的胸懷。打一統法帖碑，去向京師賣。到處裏書生都相待，誰肯學有朋自遠方來？那裏取鳴時的鳳麟，則別些個喧檐的燕雀，當路的狼豺。

（紅繡鞋）本待看金色淸涼境界，霎時間都做了黃公水墨樓臺。多管是角木蛟當直聖親差，把黃河移得至和東海，取將來抵多少長江風送客。

在元代異族統治之下，讀書人普遍受到蒙古人的欺壓與卑視。馬致遠在本劇中所吐露的讀書人窮途末路的憤慨，也實在富有時代的意義，可以說是當時讀書人不平的共鳴。

此外，馬致遠的雜劇，素以曲辭見長，通常結構都比較差。但本劇加重了張鎬倒霉的遭遇，把被人冒名做官、遭刺，跟雷轟薦福碑連結起來，使故事變得曲折複雜，這種處理的手法，是馬氏其他劇本所見不到的。

泰華山陳摶高臥是馬致遠另一個仕隱劇。故事的大意如下：

太華山隱士陳摶，在汴梁竹橋邊賣卜。一日，有趙玄朗（宋太祖）及鄭恩二人前來占卜。陳摶知趙他日必爲天子，於是邀至酒肆中慶賀。

其後宋太祖登極，命黨繼恩以安車蒲輪，幣帛玄纁，往迎陳摶入京。陳摶以無心名利，堅持不肯。後以使臣堅請，不得已入京居住在寅賓館。

太祖加陳摶「希夷先生」道號，賜鶴氅金冠玉圭。朝會之時，又欲陳摶爲官。陳摶堅辭不就。

太祖又命鄭恩領御酒十瓶，御膳一席，美女十人，去寅賓館款待陳摶，但仍不能打動陳摶之心，陳摶且齁齁入睡。鄭恩無奈，只好回宮覆命。於是太祖卽在宮中蓋一道觀，請陳摶住持，並封爲一品眞人。

按陳摶的事蹟，記載的書籍很多，如列仙傳、宋史隱逸傳、龐覺希夷先生傳等。都有記載，其中宋史所記，尤爲詳細。小說方面，希夷夢也是敍述陳摶的故事，此外古今小說有陳希夷四辭朝命一文，也是敍述陳摶不願出仕的。馬氏本劇，大致與上述各書敍述相同，不過其作劇的主題，則全在借他人之酒杯，澆自己之塊壘。因馬氏在異族統治之下，志不得伸，乃逐漸走向消極歸隱的道路，所謂塵世紛紛，浮生擾擾，富貴功名，皆是過眼雲煙。陳摶高臥，實在就是馬氏苟全性命於亂世的寫眞。

全劇由正末飾陳摶主唱，四折之中，差不多都是抒發一己的胸臆，因此在結構來說，沒有高低起伏，很不容易吸引觀衆的興趣，在戲劇的效果來說，是現存馬氏劇本中最差的一本。然以曲文言，本劇所表現的超脫放佚的思想，與馬氏性情相合，所以得能暢所欲言，在全劇之中，佳曲很多，俊語如珠，尤以第二折、第三折爲最精彩：

（梁州第七隔尾）則與這高山流水同風韻，抵多少野草閒花作近隣。滿地白雲掃不盡，你與我緊關上洞門。休放個客人，我待靜倚蒲團自在盹。（第二折）

（菩薩梁州隔尾）俺只待下碁，白日閒消困。高枕清風睡殺人，世事無由惱方寸。則除你個繼恩使臣方便，向君王行奏得准。（第二折）

這二曲的意境，都非常超脫，在第三折，倘秀才、滾繡毬那幾曲，也都有同樣的意境：

（倘秀才）俺那裏草舍花欄，藥畦石洞，松窗竹几。您這裏玉殿朱樓未爲貴，您那人間千古事，俺只松下一盤棋，把富貴做浮雲可比。

（倘秀才）我但睡呵十萬根更籌，轉刻七八甕銅壺漏水，恨不的生扭死窗前報曉鷄。休想我惜花春起早，愛月夜眠遲，這般的道理。

（滾繡毬）貧道呵愛穿的葫落衣，愛吃的藜藿食，睡時節幕天席地。黑嘍嘍鼻息如雷，二三年喚不起。若在那省部裏，敢每日晝不着卯曆。有句話對聖主先題，貧道呵貪閒身外全無事，除睡人間總不知，空教人貼眼舒眉。

超脫而又豪放，很有馬氏所作散曲的意境。本劇的曲文如此，若以文人劇的眼光來看，足供案首了。

五、道教劇

馬致遠現存的雜劇裏，屬於道教劇的，有三種之多：邯鄲道省悟黃粱夢、呂洞賓三醉岳陽樓、馬丹陽三度任風子，比例佔的很大。

明初寧獻王朱權的太和正音譜，分雜劇爲十二科，十二科之首，卽神仙道化。所謂神仙道化，按現在的分類，可稱爲宗教劇。太和正音譜以宗教劇爲十二科之首，由此也可見宗教劇與元雜劇的關係。

宗教劇中，道教劇又多於佛教劇，如羅錦堂氏現存元人雜劇本事考，收道釋劇（宗教劇）共二十二本，其中屬於佛教者八本，屬於道教者，則有十四本。再以馬氏現存的劇本來說，三本宗教劇，全部都是道教劇，沒有一本佛教劇。

歸納元劇中道教劇較佛教劇爲多的原因，大略有下列兩端：

1.元太祖成吉思汗禮遇全眞派道士邱處機而受其教，於是元代歷朝君主，大都尊崇道教。至於佛教勢力，大約在元中葉以後，始漸興盛。

2.元代文人，在異族統治壓迫之下，志不得伸。反映在劇本創作之中，積極者則時時暴露政治的黑暗，民衆的苦悶，以及國破家亡的哀痛，如關漢卿的竇娥寃，卽可作一代表。消極者則不免表現內心空虛，厭惡現實，遂有出世之思想。像馬致遠的三本道教劇，卽爲這一類劇本的代表。

黃粱夢是述呂洞賓得道的故事：

士人呂岩，字洞賓，赴京應試，在邯鄲道黃化店休息吃飯，正陽子鍾離權也進店點化他。洞賓不受教化，困倦睡去，鍾離權於是使他夢中輪廻，使他看破酒色財氣。

在夢中，洞賓已任爲兵馬大元帥，並入贅高太尉家，生有一子一女，會吳元濟反，洞賓領兵討伐。高太尉設宴送行，洞賓因飲酒嘔血，因此戒酒。在陣前，洞賓受吳元濟金珠，不戰而回。至家，發現妻與人私通，妻畏懼下，密告洞賓納賄縱敵，遂詔流配沙門島。洞賓赴配所，行在深山中，飢寒交迫，投一老婦家，其子打獵回家，摔死其子女，洞賓方怒，獵人又追殺洞賓，不覺驚懼而醒，始知是夢，於是怒氣也絕。

洞賓醒後，見黃化店王婆所炊黃粱未熟，而自身在夢中已歷盡酒、色、財、氣；人、我、是、非；貪、嗔、癡、愛；風、霜、雨、雪。於是省悟，隨鍾離權學道，位列仙班。

呂洞賓學仙成道之事，列於列仙傳卷六呂巖條。唐代沈旣濟枕中記，寫呂翁度化盧生事，也與此相似。馬致遠黃粱夢一劇，大致由此二書敷演而成。

在戲劇方面，與馬氏同時之李時中也有開壇闡敎黃粱夢雜劇，惜今已不存。明蘇漢英有呂眞人黃粱夢境記，無名氏有呂翁三化邯鄲店，湯顯祖有邯鄲記，車任遠之四夢記中有邯鄲夢，皆受馬致遠本劇的影響，點染而成。其中最著名的，當然是湯顯祖的邯鄲記傳奇了。

本劇是一個末本，由正末演鍾離權主唱。但在洞賓夢內，鍾離權又幻化高太尉、院公、樵夫、邦老等人，分別點化洞賓，以結構來說，顯得多彩多姿。以角色來說，則上場或可多人，使演者可以節力，這是本劇的一個特點，所以吳梅黃粱夢跋說：

「劇中以呂巖歷盡妻女家庭之苦，引起出世之心，其結想已妙。且以鍾離公幻化多人，使演者可以節力，尤非他家所能企及也。」

在曲詞科白方面，第一折鍾離權與呂洞賓辯論做官與出家之苦樂，最爲精彩。如洞賓云：

「俺爲官的，身穿錦段輕紗，口食香甜美味。你出家人草履麻縧，餐松啖柏，有甚麼好處？」

鍾離權回答說：

「功名二字，如同那百尺高竿上調把戲一般。性命不保，脫不得酒、色、財、氣這四般兒。笛悠悠，鼓鼕鼕，人鬧吵在虛空。怎如的平地上來，平地上去，無災無禍，可不自在多哩。」

人生在世，莫不爭名奪利，馬致遠把它比喻做高竿上調把戲，眞是極盡諷刺之能事，因不但是旁觀者取樂的對象，而且從虛空上掉了下來，還有性命之憂。

（油葫蘆）莫厭追歡笑語頻，但開懷好會賓，尋思離亂可傷神。俺閒遙遙獨自林泉隱，您虛飄飄半紙功名進。你看這紫塞車、黃閣臣，幾時得個安閒分？怎如我物外自由身。

（醉中天）俺那裏自潑村醪嫩，自斬野花新。獨對青山酒一尊，閒將那朱頂仙鶴引。醉歸去松陰滿身，冷然風韻，鐵笛聲吹斷雲根。

（金盞兒）俺那裏地無塵，草長春。四時花發常嬌嫩，更那翠屏般山色對柴門。雨滋棕葉潤，露養藥苗新。聽野猿啼古樹，看流水繞孤邨。

這幾支曲，描寫出家仙道生活，情景交融，與大自然渾爲一體，意境極其高遠，也可以說是馬致遠心目中理想的生活。他的散曲哨遍，有這樣幾句：

半世逢場作戲，險些兒誤了終焉計。白髮勸東籬，西村最好幽棲。

可見他的這種生活，也是經過長時間的實踐，化了半生才醒悟得來。

有些學者認爲黃粱夢只有第一折是馬致遠作，所以也只有第一折有佳曲。按黃粱夢的作者問題，各家著錄不同，現簡錄於下：

鈔本錄鬼簿著錄李時中名下，下注：「一折馬致遠，一折紅字李二，一折花李郎，一折李時中。」

刻本錄鬼簿著錄，下注：「第一折馬致遠，第二折李時中，第三折花李郎學士，第四折紅字李二。」

太和正音譜著錄，下注：「第三折花李郎，第四折紅字李二。」

古名家雜劇本署馬致遠撰。

元曲選也署馬致遠撰

王國維曲錄從刻本錄鬼簿。

現在以全劇的筆勢格調氣氛等等來看，一氣呵成，並沒有分寫的痕跡，因此近世學者中，也有認為本劇為馬致遠獨力之作的。

至於曲文方面，除第一折為誇說神仙生活之高妙外，其餘數折，都是敍事多於言情說理，自不如第一折來得富有妙趣，但第四折煞尾：

你正果正是修行果，你災咎皆因我度脫。早則絕憂愁，沒㛴聒，行處行，坐處坐，閒處閒，陀處陀。屈着指自數過，眞神仙，是七座，添伊家，總八個。道與哥哥，非是風魔，這箇愛吃酒的鍾離便是我。

吳梅黃粱夢跋說：

「末折煞尾，尤神來之筆。余嘗謂元詞之不可及，正在俚俗處。自明人以冶麗之詞作北曲，而蒜酪遺風，渺不可得，余竊有志焉而未逮也。」

可見其他各折，並不是沒有佳曲。

呂洞賓三醉岳陽樓，乃演呂洞賓成仙後，度化岳陽樓前柳樹精及梅花精的故事：

呂洞賓當初在岳陽樓度脫了一枝柳樹，因它是土木形骸，不能成仙，於是令其投胎樓下賣茶人郭家爲男，名爲馬兒。令白梅花精托生賀姓爲女，名爲臘梅，共成夫婦，相約三十年後再來度化。

三十年後，呂來度化，而郭馬兒已忘前因，三次度化，郭仍不悟。呂乃以劍授郭，令殺妻後出家修道。郭本無意殺妻，姑帶劍回家，賀臘梅之頭忽然自落，郭大恨，控呂於官。在堂上，呂謂臘梅未死，一呼卽來，於是官遂坐郭誤告之罪。郭大恐，求呂救免，抬頭一見問官，則是八仙中之鍾離權。郭遂悟前因，並與臘梅從呂入道。

本劇題材，大略是取自宋葉夢得巖下放言，其他如蒙齋筆談、古今詩話、呂巖集、夷堅志等，也有類似的記載。

在元代時，呂仙度世之故事，大約相當流行，所以元劇以此敷演者，相當的多，只是把所度人物，略作更改而已。谷子敬有呂洞賓三度城南柳雜劇，跟本劇不但事跡相似，而且關目線索，也大同小異，谷氏時代較馬氏爲晚，可見是谷氏抄襲馬氏的格式。此外無名氏有呂洞賓桃柳昇仙夢（註三），關目也跟本劇相同。明初朱有燉有紫陽仙三度長春壽，也自本劇翻案而成。凡此種種，都可見本劇影響之深。

本劇由正末飾呂洞賓主唱，因不像黃粱夢那樣，幻化多人，所以在結構上，本劇就不如黃粱夢那樣曲折動人，而且第三折起，郭馬兒殺了妻子，要跟呂洞賓算帳拼命，所以連曲文都沒有前兩折那樣高遠豪放了。邵曾祺元雜劇六大家略評，說岳陽樓只是半本劇本，前半本很好，結構好，詞句也漂亮，後半本忽然鬆懈下來，連詞句也平常了。其實這是受了題材的影響，如第四折的水仙子：

這一個是漢鍾離，現掌着羣仙籙。這一個是鐵枴李，髮亂梳。這一個是藍采和，板檝雲陽木。這一個是張果老，趙州橋騎倒驢。這一個是徐坤翁，身背着葫蘆。這一個是韓湘子，韓愈的親姪。這一個是曹國舅，宋朝的眷屬。則我是呂鈍陽，愛打的簡子愚鼓。

這種列仙出場，現身指點，因將羣仙介紹一番，其他的道教劇莫不如此，可說是元劇的俗套。在這種固定的形式之下，要求有好的曲文，幾乎是絕不可能的。所以，邵氏說本劇是半本劇本，這是不錯的，但卻不能怪馬氏作曲的能力不高，實在是題材所限，英雄無用武之地的緣故。

在前半部中，最受人欣賞的，莫過於寄生草、金盞兒等曲，俊語如珠，現在錄之於下：

（寄生草）說甚麼瓊花露，問甚麼玉液漿。想鸞鶴只在秋江上，似鯨鯢吸盡銀河浪，飲羊羔醉殺銷金帳。這的是燒猪佛印待東坡，抵多少騎驢魏野逢潘閬。

（公篇）想那等塵俗輩，恰便似糞土牆。王弘探牆在籬邊望，李白搊月在江心喪，劉伶荷鍤在墳頭葬。我則待朗吟飛過洞庭湖，須不曾搖鞭誤入平康巷。

（金盞兒）我這裏據胡牀、望三湘，有黃鶴送酒仙人唱，主人無量醉何妨？直吃的捲簾邀皓月，再誰想開宴出紅粧。但得一尊留墨客，我可是兩處夢黃粱。

吳梅先生曾對這幾支曲，推崇備至。岳陽樓跋：

「余獨愛此劇（指岳陽樓）之文，如首折寄生草、金盞兒諸曲，吐屬名雋，勝鐵枴李、竹葉舟數倍，益見東籬之不可及也。」

按鐵枴李指呂洞賓度鐵枴李岳一劇，岳伯川作。竹葉舟指陳季卿悟道竹葉舟一劇，范康作。岳、范二氏之曲，自不能與馬致遠相比。

此外金盞兒中「有黃鶴送酒仙人唱」一句，李調元雨村曲話也對之極有好評，說：

「東籬岳陽樓頭折詞云：『黃鶴送酒仙人唱，主人無量醉何妨？』周德清云：『俊語也。』有不識文義，以『送』爲『齎送』之義，改爲『對舞』。殊不知黃鶴用仙人以榴皮畫鶴一隻以報酒家事，初無雙鶴，豈能對舞？且失飲酒之意。送者，吳姬壓酒之謂。甚矣，俗士之不可醫！」

李調元指的亂改曲詞的俗士，當是指臧懋循，因爲他編的元曲選，此詞曲文是「有黃鶴對舞仙童唱，主人家寬洪海量醉何妨」。臧氏所改，的確不如原詞。而李調元爲之指出，也可見他對馬氏曲文留意之深了。

馬丹陽三度任風子，是敍述馬丹陽度化任屠的故事：

仙人馬丹陽，以任屠有半仙之分，特去點化他。馬眞人來到終南山甘河鎭，將一方之地，都化的不吃腥葷，攬了任屠殺猪的買賣。任屠大怒，持刀要去追殺馬眞人，其妻苦勸不聽。

任屠尋見馬眞人後，持刀卽要砍殺，結果反被護法神砍了腦袋，任屠大懼，向馬眞人索頭，馬眞人叫他向頸項上一摸，原來人頭仍在。於是任屠醒悟，決心向馬眞人學道。

任屠之妻，見任屠一心學道，誦經修行，也不回家，於是到任屠修行處勸其回家，任屠不爲所動。任妻又將兒子交給任屠，希望激起他的親子之情。任屠反說：「將來魔合羅孩兒，知他誰是誰？」竟把兒子摔死。馬眞人見其意念至堅，於是再經點化，終於度之成仙。

本劇故事，大略是馬致遠所杜撰。至於作者之題意，則由於佛教故事中，在涅盤會上，廣額屠兒，放下屠刀，立地成佛。屠兒旣可以成佛，則自也可以得道成仙，無論成佛成仙，總在個人一念之際而已。

在馬致遠三個道教劇中，本劇的氣氛，最爲濃厚，如丹陽第一折上場時說：

「……身掛一瓢，頂分三髻，按天地人三才之道。正一髻受東華帝君指敎，去其四罪，是人、我、是、非；右一髻受純陽眞人指敎，去其四罪，是富、貴、名、利；左一髻受王祖師指敎，去其四罪，是酒、色、財、氣，方成大道。……」

全劇的結構，非常緊湊，很能吸引觀衆的情緒，如任屠要殺馬眞人，以及摔子，馬眞人幻化任屠身邊的六盜，前來搶掠，幻化其子，前來索命，層層起伏，頗得曲折之妙。在作者處理的手法來說，比其他兩個道教劇都要來得高妙。

曲文方面，極爲本色，而與馬致遠其他的雜劇不同，王季烈螾廬曲談說：

「任風子乃屠戶口吻，故絕不作才語。」

因爲本劇是正末飾任屠主唱，所以王氏乃有此評。若跟曲文一對照，則王氏之語，說得很對，眞可說是馬致遠的知音了。現錄數曲於下：

（天下樂）可正是畫戟門排見醉仙，則我這家緣，不少了你吃共穿，生下這魔合羅般好兒天可憐。花謝了，花再開；月缺了，月再圓，咱人老何曾再少年？

（哪吒令）非任屠自專，大河裏有船；相知每共言，囊橐裏有錢。哎！這婆娘不賢，頭直上有天。非任屠自誇，你親見做屠戶的這些術衡。

（叨叨令）師父道神仙則許神仙做，凡夫則尋你凡夫去，爺娘枉說爺娘苦，常言道兒孫自有兒孫福。任屠卻須省得也麼哥，卻須省得也麼哥。告師父指與我一道長生路。

眞是曲曲本色，語語本色，字字本色，王季烈螾廬曲談，對此無可稱祟，只有說：「其語本色極矣！」

六、結論

元劇六大家中，談到在元、明時代聲望之隆，影響之深，當首推馬致遠。元、明是曲的全盛時代，因此可見馬氏在曲壇，自有其不朽之地位。

元賈仲明淩波仙詞贊馬氏說：

萬花叢裏馬神仙，百世集中說致遠，四方海內皆談羨。戰文場、曲狀元，姓名香貫滿梨園。漢宮秋、青衫淚、戚夫人、孟浩然，共庾白關老齊眉。

明寧獻王朱權太和正音譜贊他：

東籬之詞如朝陽鳴鳳。其詞典雅清麗，可與靈光景福相頡頏。有振鬣長鳴，萬馬皆瘖之意。又若神鳳飛鳴於九霄，豈可與凡鳥共語哉！宜列羣英之上。

正音譜列元曲大家，第一位卽是馬致遠，可說是推崇備至了。

以關、馬二人作比較，誰上誰下？相信是一個很難解決的問題。就像鄭騫先生在關漢卿的雜劇所說：「我在本文中對於關作的好評也是出於客觀的態度；若論主觀的欣賞，我還是偏愛馬致遠的作品，無論雜劇或散曲。」

可見欣賞一個作家，往往是帶有主觀的成份，金聖歎定西廂記的第五本是關作，而評語則是「一片犬吠聲」，可見主觀到了什麼地步。因此現在試以客觀的態度，歸納幾點馬致遠雜劇的特點，主觀之欣賞，則留諸讀者：

1. 末本特多

馬致遠現存的七本雜劇，除了江州司馬青衫淚以外，都是末本，再以他已佚而存目的雜劇來看，好像旦本的成分也不多，所以末本特多，是馬致遠雜劇的一個特徵，尤其把他跟關漢卿相比，就成爲一個有趣的對照，因爲關漢卿的雜劇，不但獨多旦本，而且女性的形象很多，刻劃的也特別顯明，生動。

這自然跟兩人的生活不同，有很大的關係，馬致遠嚮往的是一種逍遙、出世的生活，因此，官場升遷，固然爲馬氏所不耐，關漢卿那種生活離不開戲劇，生活離不開多種類型婦女的接觸，也是馬氏所沒有的。馬丹陽三度任風子一劇中，任屠要抛妻別子，前往修道，也可以看到一些他對女性，對愛情的態度。

再拿他現存唯一的旦本青衫淚來看，結構平平，除了有些曲文寫得很美以外，主角的性格，乃至全劇的主題，表達得都不夠明達。何良俊四友齋叢說說馬致遠老健而乏姿媚，王驥德曲律說馬致遠一遇麗情便傷雄勁，都說明馬氏不是善寫愛情的能手。

反之，他描寫失意的文士，出世的仙人，則又極其出色，在這些人物中，又好像都有馬致遠個人的影子在。作家善寫他所熟悉的事，馬致遠自也不例外。

2.出世思想

馬致遠現存的七個劇本中，道敎劇佔了三個，加上陳搏高臥，也有的濃厚出世高士的色彩，所以在馬氏現存雜劇中，表現逍遙出世，看破酒色財氣、人我是非、貪嗔癡愛、風霜雨雪，種種人世虛幻的劇本，已經超過二分之一。再拿其他五大家的現存作品來看，則幾乎沒有一本是道敎劇，因此多道敎劇，主題多表現出世思想的，也成爲馬致遠作品的特色。

從馬致遠的生平，我們可以知道馬氏文采風流，才高志大，但生不逢時，坎坷潦倒二十餘載，終於得悟窮通得失，皆有天命。因而超脫出世，寄情仙道，以得逍遙物外的樂趣。所以我們可以說馬氏的道教劇，實是他生命歷程覺悟的表現，假如讓馬氏作自我批評，他最得意的劇本恐怕不是他的漢宮秋，而是他的道教劇。

宋代的道教，有南北二宗，北宗盛於金、元，就是所謂全眞派，這一派的道統傳授，大略是：

鍾離權——呂洞賓——王重陽——馬丹陽。

馬氏的道教劇，黃粱夢演鍾離權度呂洞賓；岳陽樓演呂洞賓度柳樹精；馬丹陽（王祖師三度馬丹陽、已佚）演王重陽度馬丹陽；任風子演馬丹陽度任屠，極有次序，宛若是一套全眞派道教史劇，可見馬氏本人，對於全眞派道教，實有極深刻的認識。

岳陽樓一劇所度的乃是柳樹、梅花，任風子一劇所度的則是一個屠夫，這也跟古代文學中遊仙思想不同。古文學中，如屈原、郭璞等的游仙思想，實在所表現的，乃是文人個人的自我擺脫，所以並沒有普濟衆生的意識在裏面。元劇中則不但人無分高低，皆可成仙，其他生物，只要省悟，也莫不可以得道，這一種萬物皆有慧根仙性的思想，恐怕是受了佛教人皆可以爲佛的啓示與影響。

3.口吻相肖

太和正音譜說馬致遠的詞典雅清麗，一般說來，確是如此，但是馬氏劇曲中，也有極質樸、極粗魯的曲詞，像任風子一劇，正末所唱，全是屠夫氣派，卽是一例，由此可見，馬致遠寫曲詞，純依劇中人物的身份性格來寫，並不一味就典雅上用力。帝王有帝王語，販夫走卒有販夫走卒之語，若每人都是作口成章，句句皆作才語，則劇中人物全無個性可言了。劇曲之難，以及劇曲跟散曲不同之處，就在於這種地方。

王季烈螾廬曲談，對於馬致遠曲詞的口吻相肖，是最推崇備至的，他說：

「元人作曲，最尙口吻相肖：漢宮秋乃元帝、昭君之口吻，故用姸麗之詞。任風子乃屠戶口吻，故絕不作才語。陳摶高臥乃隱士口吻，故用超逸之語。然則不作才語處，固是本色；卽作才語處，仍是本色也。」

這段話對於馬致遠曲詞的特點，固然作了很好的解釋，對於本色二字，尤其作了極正確的注脚。

4. 豪放高遠

歷代論曲的學者，大多重視馬氏的散曲，認爲其成就，在劇曲之上。這固然是實情，但是就曲詞而言，則馬氏劇曲之美，實也不在其散曲之下。

馬氏雜劇的曲詞，一般說來，氣魄都是豪放的，有時寫情、寫景的曲，固然也有非常清麗悽惋的情致，但不見濃艷，而是英朗俊美，與一般麗情之作不同。所以論馬氏的劇曲，終以豪放爲多，也以豪放見長。

馬氏的幾個道敎劇，所表現的出世的境界，固然是洒脫超逸，而其他漢宮秋、青衫淚等言情之作，也有很高遠的境界，梧桐夜雨，江干琵琶，詞意淒涼而不哀怨，與一味纏綿頑豔者異趣。有一種悠遠的意境，雄渾豪放之情致，這可以說是馬氏散曲的特點，也是馬氏劇曲的特點。

註一　見劉大杰中國文學發展史。

註二　見邵曾祺元雜劇六大家略評。

註三　存本題賈仲明撰，然各本錄鬼簿及太和正音譜，賈仲明名下皆無此劇，是否賈作，大有疑問，暫作無名氏撰，以待考定。

第三節　馬致遠的散曲

馬致遠的散曲，留存的相當多，任訥輯爲東籬樂府一卷，收入散曲叢刊，得小令一百零四首、套數十七套，殘套五套。隋樹森全元散曲則收小令一百一十五首，套數十六套，殘曲六套。不過有少數作品，可能非馬致遠所作，隋氏有重錄於別家曲中者。

朱權太和正音譜評馬致遠曲云：「馬東籬之詞，如朝陽鳴鳳。」並躋爲元人第一，王國維稱：「白仁甫、馬東籬，高華雄渾，情深文明。」（宋元戲曲史第十二章）此等推揚，用來衡量馬致遠的散曲，尤爲允當。邵曾祺說：「馬致遠是元曲四大家之一，但他的名譽大半建立在散曲上面。」（元雜劇六大家略評）任訥也說：「雜劇推元四家，余謂散曲必獨推東籬、小山雖亦散曲專家，終是別調耳，餘人則皆非專家。」（曲諧卷二）可見馬致遠在元散曲中之地位。是高居首座的。

馬致遠散曲的風格，一般都認爲是豪放的，研究散曲史的人也都把他歸入豪放派。其實他的散曲，因爲作品豐富，題材廣泛，再加上他的文思才華，所以表現是多方面的。劉大杰說：「馬致遠在曲壇的價値，是在他擴大曲的範圍，提高曲的意境。以他那種特出的才情，瀟灑的氣概，表現於曲中者，眞是渾灑自如，機趣絕妙。他的長處是能適應各種題材的特性，而表現各種不同的風格。他的作品，雖多豪放之作，但也有極閒適恬靜的，也有極淸麗細密的，因了他複雜的風格，更足表示他在曲壇的廣大。他在元代散曲的地位，正如李白之於唐詩，蘇軾之於宋詞，都是代表那一個時代的浪漫派大詩人。」（中國文學發展史第二十二章）鄭振鐸也說：「他的散曲，是那樣的奔放，又是那樣的飄逸；是那樣的老辣，又是那樣的淸雋可喜。」（插圖本中國文學史第四十九章）由此我們可以了解，馬致遠散曲的風格，是屬於豪放派的，但作品之中，有豪放的，有飄逸的，有老辣的，有淸雋的，也有明麗的。

現在我們來評析一下馬致遠的散曲。

一、表現自我的作品

馬致遠在散曲中最能表現自我，尤其對他中年以後的生活和思想，表現得更爲透徹。在曲中表現了他的懷才不遇的悲憤，表現他退隱自適的願望，同時也道出他對人生富貴利祿的輕視，對幻化的警醒，以及嚮往田園山水生活的樂趣。

「絮飛飄白雪，鮮香荷葉風。且向江頭作釣翁。窮，男兒未濟中。風波夢，一場幻化中。」

(南呂金字經一)

「擔頭擔明月，斧磨石上苔。且做樵夫歸去來。柴，買臣安在哉。空巖外，老了棟樑材。」

(金字經二)

「夜來西風裏，九天鵰鶚飛。困煞中原一布衣。悲，故人知未知。登樓意，恨無上天梯。」

(金字經三)

在這三首曲裏，馬致遠的感傷非常沉痛，他說「窮，男兒未濟中」，「空巖外，老了棟樑材」，「困煞中原一布衣，……恨無上天梯」，對自己的時運不濟，懷才不遇，蹉跎困倒，做了沉痛的傾訴。在他來說，直如一場風波夢。這三首曲文辭都很清麗。

「綠鬢衰，朱顏改。羞把塵容畫麟臺，故園風景依然在。三頃田，五畝宅，歸去來。」(南呂四塊玉恬退一)

「酒旋沽，魚新買。滿眼雲山畫圖開，清風明月還詩債。本是箇懶散人，又無甚經濟才，歸去來。」（四塊玉恬退四）

第一首說「綠鬢衰，朱顏改」，可能作於四十歲左右。他「羞把塵容畫麟臺」，已經表明不願追求功名。末尾這首曲他又說「本是箇懶散人，又無甚經濟才」，所以還是效古人「歸去來」，去尋箇「三頃田、五畝宅」，沽酒買魚，享受那滿眼雲山的自然美景，在清風明月之中去完成美麗詩篇。

「東籬半世蹉跎，竹裏遊亭，小宇婆娑。有箇池塘，醒時漁笛，醉後漁歌。嚴子陵他應笑我，孟光臺我待學他。笑我如何，倒大江湖，也避風波。」（雙調蟾宮曲嘆世一）

這首曲大概也是作於中年，他認爲在塵世裏浮沉了半生，毫無意義，不如找個地方隱居，醒時漁笛，醉後漁歌，在江湖中過着漁釣生涯，也可避掉俗世的風波，這也表明了他的感慨和願望。

「東籬本是風月主，晚節園林趣。一枕葫蘆架，幾行垂楊樹。是搭兒快活閑住處。」（雙調清江引野興八）

這首曲作者自稱是「風月主」，又說晚年特愛「園林趣」，也是隱居以後的作品。末尾寫出閒逸的生活情趣，非常淡雅。

「（大石調青杏子）世事飽諳多，二十年漂泊生涯，天公放我平生假。剪裁冰雪，追陪風月，管領鶯花。

（歸塞北）當日事，到此豈堪誇。氣槩自來詩酒客，風流平昔富豪家。兩鬢與生華。

（初問口）雲雨行爲，雷霆聲價，怪名兒到處裏喧馳的大。沒期程，無時霎，不如一筆都勾罷。

（怨別離）再不敎魂夢反巫峽，莫燃香休剪髮。柳戶花門從瀟灑，不再踏，一任敎人道情分寡。

（擂鼓體）也不怕薄母放訝掐，諳知得性格兒從來纖下。顚不剌的相知不綣他；被莽壯兒的哥哥截替了咱。

（賺煞）休更道咱身邊沒撏剝，便有後半毛也不拔。活纘兒從他套共榻，沾泥絮怕甚狂風刮。唱道塵慮俱絕，興來時吟罷酒醒時茶。兀的不快活煞，喬公事心頭再不罣。」（悟迷）

這套曲作者自言「世事飽諳多，二十年漂泊生涯，天公放我平生假」，當是經歷二十年的入世仕宦奔勞生活之後，棄官息身，過着詩酒生涯。再思想那種追風陪月、管領鶯花的生活，到如今都要一筆勾罷，柳戶花門也不再踏，一切塵慮俱絕，萬事不掛心頭。由這套曲可以看出作者前半生的生活狀況，也可看出他中年以後的生活願望。

「（般涉調哨遍）半生逢場作戲，險些兒誤了終焉計。白髮勸東籬，西村最好幽棲。老正宜，茅廬竹徑，藥井蔬畦。自減風雲氣，嚼蠟光陰無味。傍觀世態，靜掩柴扉。雖無諸葛臥龍岡，原有嚴陵釣魚磯。成趣南園，對楊青山，繞門綠水。

（耍孩兒）窮則窮落覺囫圇睡，消甚奴耕婢織。荷花二畝養魚池，百泉通一道清溪。安排老子留風月，準備閑人洗是非。樂亦在其中矣，儕來筍蕨，客至琴棋。

（二）青門幸有栽瓜地，誰羨封侯百里。桔槔一水韭苗肥，快活煞學圃樊遲。梨花樹底三杯酒，楊柳陰中一片席。倒大來無拘繫。先生家淡粥，措大家黃齏。

（三）有一片凍不死衣，有一口餓不死食。貧無煩惱知閑貴，譬如風浪乘舟去，爭似田園拂袖歸。本不愛爭名利，嫌貧汙耳，與鳥忘機。

（尾）喜天陰喚錦鳩，愛花香哨畫眉。伴露荷中烟柳外風蒲內，綠頭鴨黃鶯兒啅七七。」

這套曲也是作者自述的曲，開頭便說：「半世逢場作戲，險兒誤了終焉計」，這是指四十歲以前的半生，過着那種擾攘的入世生活。接着說：「白髮勸東籬，西村最好幽棲」，這說明他要過幽棲的生活。再下來即描寫田園生活的清逸自樂，「茅廬竹徑，藥井蔬畦」，「對楊青山，繞門綠水」，「荷花二畝養魚池，百泉通一道清溪」，這些山水是多麼雅麗。「傍觀世態，靜掩柴扉」，「儕來筍蕨，客至琴棋」，「桔槔一水韭苗肥，快活煞學圃樊遲。」，「梨花樹底三杯酒，楊柳陰中一片席」，「有一片凍不死衣，有一口餓不死食，貧無煩惱知閑貴」，這就是作者所稱頌的田園生活。由那些簡明淡描的句子，我們可以看出幽棲生活的情態和樂趣。曲中並沒有着意刻劃文辭，但表現得卻流暢而自然。

「（雙調夜行船）百歲光陰一夢蝶，重回首往事堪嗟。今日春來，明朝花謝，急罰盞夜闌燈滅。

（喬木查）想秦宮漢闕，都做了衰草牛羊野。不恁麼漁樵沒話說。縱荒墳橫斷碑，不辨龍蛇。

（慶宣和）投至狐蹤與兔穴，多少豪傑。鼎足雖堅半腰裏折，魏耶，晉耶。

（落梅風）天教你富，莫太奢，沒多時好天良夜。富家兒更做道你心似鐵，爭辜負了錦堂風月。

（風入松）眼前紅日又西斜，疾似下坡車。不爭鏡裏添白雪，上牀與鞋履相別。休笑巢鳩計拙，葫蘆提一向裝呆。

（撥不斷）利名竭，是非絕。紅塵不向門前惹，綠樹偏宜屋角遮，青山正補牆頭缺，更那堪竹籬茅舍。

（離亭宴煞）蛩吟罷一覺才寧貼，鷄鳴時萬事無休歇，何年是徹。看密匝匝蟻排兵，亂紛紛蜂釀蜜，急攘攘蠅爭血。裴公綠野堂，陶令白蓮社。愛秋來那些，和露摘黃花，帶霜烹紫蟹，煮酒燒紅葉。想人生有限杯，渾幾個重陽節。人問我頑童記者，便北海探吾來，道東籬醉了也。」

（秋思）

這套曲前人評價甚高，中原音韻評云：「此詞乃東籬馬致遠先生所作也。此方是樂府，不重韵，無襯字（按：此說不確），韵險，語俊。諺曰『百中無一』，余曰萬中無一。」王世貞曲藻云：「馬致遠『百歲光陰』，放逸宏麗，而不離本色。押韵尤妙。長句如『紅塵不向門前惹，綠樹偏宜屋角遮，青山正補牆頭缺』；又如『和露摘黃花，帶霜烹紫蟹，煮酒燒紅葉』；俱入妙境。小語如『上牀與鞋履相別』，大是名言。結尤疎俊可詠。元人稱爲第一，眞不虛也。」這都品評的非常深入而中肯。任訥說：「按周氏評謂『無襯字』，不確。王氏謂『放逸宏麗』，殊中肯。章次條理井然，如前所疏，尤是套曲可法之處。」（中原音韵作曲十法疏證）梁乙眞評說：「此詞的好處，能於豪放、淸逸、蕭爽之中，寓一種淵深樸茂之風；而作者『閑雲野鶴』般的特性，也很生動的表現出來。尤爲東籬作品中最有價值的文字。『百歲光陰成絕調』（盧前論曲絕句語），遂讓馬東籬獨步千古。」（元明散曲小史第二章）這些評論，已成不移之論。

這套曲在內容方面，作者把蘊積的思想和情感，以及他的生活態度，都表露出來，這也是作者表露自我的作品。

一開頭夜行船中，作者述說全套的主旨，意味蒼凉。作者體悟人生幻化如夢，故人當把握有限之生命，及時行樂。喬木查中，說明帝王顯赫之功業，轉眼卽行烟滅。慶宣和中，說明英雄豪傑，同樣是要隨時間而遷變。落梅風中道出貧富之無常，聚富斂財，到頭來還是撒手遺給他人。風入松中，則透露自己的徹悟，表明自己的處世態度。撥不斷以及離亭宴煞，都是作者表露自己的人生觀，自己的生活態度，那種田園山水詩酒自樂的生活，才是作者眞正追尋的。寫來非常放逸，非常灑脫。

二、嘆世的作品

馬致遠有一些曲，深刻地感嘆着塵世的羈人，像富貴、名利，古今英雄豪傑謀臣智士的功業，一切轉眼成空，都是不值得追求的。甚至人間的寵辱，紅塵的是非，都應參破，都應跳出這個漩渦。

「兩鬢皤，中年過。圖甚區區苦張羅，人間榮辱都參破。種春風二頃田，遠紅塵千丈波，倒大來閑快活。」（南呂四塊玉嘆世一）

這是作者自述其感想和生活態度，同時也是對世人的感歎。世人不能參破榮辱，跳出紅塵，一生苦苦張羅，空自苦惱。這首曲文辭非常樸質和淺白。

「子孝順，妻賢慧，使碎心機爲他誰，到頭來難免無常日。爭利名，奪富貴，都是癡。」（四塊玉嘆世二）

這首曲指出世人使碎心機，爭名利，奪富貴，到頭來還是不能久長，可見爲富貴名利奔競的人都是癡呆的。

「白玉堆，黃金垛。一日無常果如何，良辰媚景休空過。琉璃鍾琥珀濃，細腰舞皓齒歌，倒大來閑快活。」（四塊玉嘆世六）

黃金白玉，」生活在富貴之中，但這也是無常的，還是趁着良辰美景，及時行樂才是。

「珊瑚樹，高數尺，珍奇合在誰家內。便認做我的，豈不知財多害己，直到東市方知。則不如醉還醒，醒而醉。」（雙調慶東原嘆世六）

這指出財寶多聚，不但無益，反要害身，到後來悔之已晚。

「路傍碑，不知誰，春苔綠滿無人祭。畢卓生前酒一杯，曹公身後墳三尺。不如醉了還醉。」（雙調撥不斷三）

這指出人生的短暫，最後黃土一抔，無論生前是什麼身份，什麼樣的功勳偉績，到頭來一切成空。這首曲有些傷感的情味，但卻很富警策性。

「拔山力，舉鼎威，暗嗚叱咤千人廢。陰陵道北，烏江岸西，休了衣錦東歸。不如醉還醒，醒而醉。」（慶東原嘆世一）

「明月閑旌旆，秋風助鼓鼙，帳前滴盡英雄淚。楚歌四起，烏騅漫嘶，虞美人兮。不如醉還醒，醒而醉。」（慶東原嘆世二）

這兩首是寫楚霸王項羽的，蓋世英雄，叱咤一時，後來楚歌四起，竟自刎於烏江。可見英雄人物也是不值得羨慕的。這兩首曲豪放之中帶着蒼涼的意味。

「三顧茅廬問，高才天下知，笑當時諸葛成何計。出師未回，長星墜地，蜀國空悲。不如醉還醒，醒而醉。」（慶東原嘆世三）

以諸葛亮才智之高，計謀之深，最後還是出師未回，蜀國空悲。這說明了高才謀士也是不值得羨慕。

「誇才智，曹孟德，分香賣履純狐媚。奸雄那裏，平生落的，只兩字征西。不如醉還醒，醒而醉。」（慶東原嘆世）

曹操奸雄一世，逞才誇智，到頭來還是撒手成空。

「布衣中，問英雄，王圖霸業成何用。禾黍高低六代宮，楸梧遠近千官塚，一場惡夢。」（雙調撥不斷十二）

英雄奮起，造成霸業，也直如一場惡夢。馬致遠在這些曲裏，主要是強調世俗的一切功名利祿、豐功偉業，不值得追求，要人們不要爭名奪利，奔勞競逐，最後是一無所得。這和他那時代背景有關，他已對世事看得非常透澈，非常醒悟了。

三、描寫田園山水漁樵詩酒生活的作品

元代的散曲家，很多人都是把富貴功名以及一切塵俗參破，因而嚮往田園山水，期度漁樵耕作生活，馬致遠也有如此的想法，在他的散曲中強烈地表現出來。

「林泉隱居誰到此，有客清風至。會作山中相，不管人間事。爭什麼半張名利紙。」（雙調清江引野興六）

既然已看破塵世，那麼就要過林泉隱居生活，「會作山中相，不管人間事」，這就是作者的生活願望，寫來多麼灑脫放逸。

「帶野花，携村酒。煩惱如何到心頭，誰能躍馬常食肉。二頃田，一具牛，飽後休。」（南呂四塊玉嘆世三）

只要有二頃田，一具牛，帶野花，携村酒，過這種簡樸的田園生活，就已自足自樂。

「西村日長人事少，一個新蟬噪。恰待葵花開，又早蜂兒鬧。高枕上夢隨蝶去了。」（雙調清江引野興七）

這首曲對村居生活的清幽閒逸，寫得那麼雅麗，使人有一種安適的感覺。

「菊花開，正歸來。伴虎溪僧鶴林友龍山客，似杜工部陶淵明李太白，有洞庭柑東陽酒西湖蟹。哎楚三休閭休怪。」（雙調撥不斷七）

這首曲舉出許多古代幽居之士的生活，來寫他對田園山水生活所追慕的情趣。

「立峯巒，脫簪冠。夕陽倒影松陰亂，太液澄虛月影寬，海風汗漫雲霞斷。醉眠時小童休喚。」（撥不斷十四）

在大自然的美景中自我陶醉，流連忘返，這是多麼怡然自得，作者寫出一種超然飄逸的境界。任訥評這首曲說：「設景造境，都超絕寰宇，曲中之青蓮也。」（曲諧卷二）所論誠是。

「樵夫覺來山月底，釣叟來尋覓。你把柴斧拋，我把漁船棄。尋取箇穩便處閑坐地。」（清

江引野興（一））

這首曲寫漁樵生活的樂趣，樵夫釣叟，閑來坐在一起，清談趣事，最是寫意的。這首曲文辭很淺白，表現出淡泊生涯的閒逸情趣。

「酒杯深，故人心。相逢且莫推辭飲，君若歌時我漫斟，屈原清死由他恁。醉和醒爭怎。」（撥不斷九）

故人相逢，清歌對飲，讓一切塵念俗事，皆釋然於懷，這也是藉酒遣興的意思。

四、描寫景物的作品

馬致遠的散曲中，描寫景物的作品，佔的分量相當多，其中有描寫各季節的景物以及生活樂趣，也有描寫山水名勝，尤其對西湖名勝景色描寫的特別多。這些曲寫來都是清新爽利，富有詩情畫意。

他有仙呂青歌兒十二首，分別描寫十二個月份中不同的景物，以及當時的生活情趣。我們舉兩首來欣賞一下：

「前村梅花開盡，看東風桃李爭春。寶馬香車陌上塵，兩兩三三見遊人，清明近。」（仙呂青歌兒二月）

這首寫二月明媚春光和富麗景色，非常動人，文辭也非常雅麗。

「銅壺半分更漏，散秋香桂娥將就。天遠雲歸月滿樓，這淸興誰教庾江州，能消受。」（八月）

這首寫八月的景物，更是淸麗雅潔。

「枯籐老樹昏鴉，小橋流水人家，古道西風瘦馬。夕陽西下，斷腸人在天涯。」（越調天淨沙秋思）

這首曲中原音韻、梨園樂府及庶齋老學叢談均不著撰人，王國維宋元戲曲史以爲無名氏之作，惟堯山堂外紀屬馬致遠，朱竹坨詞綜仍之，後世學者多以爲馬致遠所作。

中原音韻評這首曲說：「前三對，更『瘦馬』二字去上，極妙，秋思之祖也。」王世貞曲藻說：「通首是景中雅語。」王國維人間詞話說：「寥寥數語，深得唐人絕句妙境，有元一代詞家，皆不能辦此也。」王氏又於宋元戲曲史中推爲元曲小令之表率。吳梅顧曲塵談云：「如越調天淨沙一支，直空今古。……明人最喜摹倣此曲，而終無如此自然，故余以爲不可及者此也。」盧前論曲絕句云：「枯籐老樹寫秋思，不許旁人贅一辭。」可見學者對這首曲推崇極高。以境界而言，這首曲非常高雅，實是佳構。不過任訥以爲推爲元曲小令之表率，則太過了，作詞十法疏證云：「王氏宋元戲曲史中並推爲元曲小令之表率，則太過矣。按此詞前三句以九事設境，全屬靜詞，末二句亦是含蓄幽遠之趣，詞境多而曲境少也。惟論其吐辭色澤，固望而知爲元人北方之篇什，如歷代詩餘等書，兼收元人之詞令者，此其無上妙選矣。曲中非無其位置，特未容過推此種靜雅者，致喧賓奪主耳。」梁乙眞引任氏評語後，亦論云：「此語頗有見地，蓋曲以『清疏奇宕』爲宗，『凝重靜雅』乃詞境非曲境，所以我們與其賞東籬的『靜雅』的天淨沙，還不如看他閑適一類的作品。」（元明散曲小史第二章）這首曲以境界言，純寫幽靜之境，景物非常雅，也非常靜；以造語言，前三句九事，全用靜詞，無一動詞，後兩句除「下」「在」外，也是靜詞，實在過於凝重，不夠活絡。不過此曲情景交融，古樸蒼涼，亦是佳篇。

馬致遠有八首壽陽曲，是描寫八處美景的，每首都寫得清新閒適，很受人激賞。

「花村外，草店西，晚霞明雨收天霽。四圍山一竿殘照裏，錦屏風又添鋪翠。」（雙調壽陽曲山市晴嵐）

這首曲寫出山市晴嵐的一幅靜美的畫面，非常雅麗。

「夕陽下，酒旆閑，兩三航未曾着岸。落花水香茅舍晚，斷橋頭賣魚人散。」（遠浦歸帆）

這首描寫傍晚江邊漁帆歸航的情景，也是蕭疏有致。看來像一幅清新美麗的圖畫，使人心情寧靜，有超絕塵俗之感。

「寒煙細，古寺清，近黃昏禮佛人靜。順西風晚鐘三四聲，怎生敎老僧禪定。」（烟寺晚鐘）這首寫黃昏古寺，是那樣的清幽，那樣的寧靜。

馬致遠又有雙調湘妃怨四首，題曰：「和盧疎齋西湖」，是分別描寫西湖四季景色的。

「春風驕馬五陵兒，暖日西湖三月時，管絃觸水鶯花市。不知音不到此，宜歌宜酒宜詩。山過雨顰眉黛，柳拖烟堆鬢絲，可喜殺睡足的西施。

採蓮湖上畫船兒，垂釣灘頭白鷺鷥，雨中樓閣煙中寺。笑王維作畫師，蓬萊倒影參差。薰風來至，荷香淨時，清潔煞避暑的西施。

金卮滿勸莫推辭，已是黃柑紫蟹時，鴛鴦不管傷心事。便白頭湖上死，愛園林一抹胭脂。霜落在丹楓上，水飄着紅葉兒，風流煞帶酒的西施。

人家籬落酒旗兒，雪壓寒梅老樹枝。吟詩未穩推敲字，爲西湖撚斷髭。恨東坡對雪無詩，休道是蘇學士、韓退之，難粧煞傅粉的西施。」

這四首曲除了描寫西湖的四季風光景物之外，更寫各季在西湖上閒遊取樂以及生活的情趣，有世外之樂，有雅人之興。文中對景物的刻劃很細緻，很多句子也很美巧。

五、描寫情愛的作品

馬致遠雖多風格豪放之作，但他對寫情也很擅長，他描寫情愛的作品，既深刻而又含蓄，既莊重而又蘊藉。

「雲籠月，風弄鐵，兩般兒助人淒切。剔銀燈欲將心事寫，長吁氣一聲欲滅。」（雙調壽陽曲(三)）

以四周景物和氣氛，陪襯悽傷的心情，兩相輝映，更加深刻。末尾兩句，代表寫不盡的心思，和流露不盡的哀愁，眞是含蓄而又深刻。

「從別後，音信絕，薄情種害煞人也。逢一箇見一箇因話說，不信你耳輪兒不熱。」（壽陽曲五）

這首曲遣詞靈巧活潑，俏皮輕鬆，卻也表達出深切的關懷和情愛。

「相思病，怎地醫，只除是有情人調理。相偎相抱診脈息，不服藥自然圓備。」（壽陽曲十六）

這首曲寫得也是活潑俏皮，但也足見相愛的眞情。

「如年夜，人乍別，角聲寒玉梅驚謝。夢廻酒醒燈盡也，對着冷清清半窗殘月。」（壽陽曲二十）

這首是由淒清孤寂的境遇，來陪襯別後的愁苦和思念，也寫的非常清麗。

「心窩兒興，奶嚨兒情，低低的㖔聲相應。舌尖抵着牙縫冷，半晌兒使的成病。」（壽陽曲十七）

這首是寫親熱的情形，寫的很露骨，也很俚俗。

六、描寫閨中女子休閒生活的作品

馬致遠散曲中有寫女子在閨中的生活動態，以及消遣嬉戲的情景。

「(仙呂賞花時)古鏡當天秋正磨，玉露瀼瀼寒漸多，星斗燦銀河。泉澄潦盡，仙桂影婆娑。

(么)不覺樓頭二鼓過，慢撒金蓮鳴玉珂。離香閣近花科。丫環喚我，渴睡也去來呵。

(賺煞)緊相催，閑篤磨，快道與茶茶嬷嬷。寶鑑粧奩準備着，就這月華明乘興梳裹。喜無那，非是咱風魔。伸玉指盆池內蘸綠波，剛綽起半撮，小梅香也歇和，分明掌上見嫦娥。」(掬水月在手)

這套曲寫閨中女子月夜閑耍的情景，對月夜景色有很美的描繪，對女子行動的神態，心理的想法，都有生動的描寫。文辭清麗而活潑。

「(仙呂賞花時)麗日遲遲簾影節，燕子來時花正開，閑綉閣冷粧臺。兜鞋信步，後園裏遣悶懷。

(么)萬紫千紅妖弄色，嬌態難禁風力擺，時亂點塵埃。見秋千掛起，芳草上層階。

(賺煞)猛觀絕，宜簪帶，行不顧香泥綠苔。曉露未晞移綉鞋，愛尋香頻把身挨。喜盈腮，折得向懷揣。就手內遊蜂鬭爭採，不離人左側，風流可愛，貼春衫又引得個粉蝶兒來。」(弄花香滿衣)

這套又是寫女子在花園採花賞玩的情景，不但對景物描繪得很美，對女子的姿態動作也有細緻的刻畫，文辭也是生動美巧，末尾一句更是艷惹。

七、歌詠事物的作品

馬致遠有六首中呂喜春來，分別歌詠六藝，曲中多閒逸之興，並寄退隱之思。

「宮商律呂隨時奏，散慮焚香理素琴，人和神悅在佳音。不關心，玉漏滴殘淋。」（中呂喜春來六藝樂）

此言人陶醉於音樂之中，以致人和神悅，對塵俗的一切煩慮自然不關於心，有一種清超解脫之想。

「古來射席觀其德，今向樽前自樂心，醉橫壺矢臥囊陰。且閑身，醒踏月明吟。」（六藝射）

以射來自樂其心，且言醉橫壺矢臥囊陰，可見其隱逸之志，只是藉射來做消遣而已。

「盈虛妙自胸中蓄，萬事幽傳一掌間，不如長醉酒壚邊。是非潛，終日樂堯年。」（六藝數）

作者可說是已參破造化，只求長醉，不問是非，這樣可以自得其樂。這幾首曲文字樸素，又是詠的通俗的事物，可是作者能別具慧心，把自己的心志表達出來。

八、詠史感懷的作品

馬致遠有十首南呂四塊玉，各有標題，詠名勝古蹟以抒發感懷。

「雁北飛，人北望。拋閃煞明妃也漢君王，小單于把盞呀喇喇唱。青草畔有收酪牛，黑河邊

有扇尾羊，他只是思故鄉。」（南呂四塊玉紫芝路）

此詠昭君嫁去塞外苦思故鄉的情景，豪邁之中蘊着感傷。

「送客時，秋江冷。商女琵琶斷腸聲，可知道司馬和愁聽。月又明，酒又醒，客乍醒。」（四塊玉潯陽江）

此寫潯陽江畔秋夜淒清的情景，用「商女不知亡國恨」和「江州司馬青衫濕」兩件故事，來寫客旅聞琵琶聲的哀傷和感懷。

「睡海棠，春將晚。恨不得明皇掌中看，霓裳便是中原患。不因這玉環，引起那祿山，怎知蜀道難。」（四塊玉馬嵬坡）

這首寫到唐明皇因迷愛楊玉環，以致中原生患。末尾三句辭語平常，感發和寄意卻很深刻。

「畫不成，西施女。他本傾城卻傾吳，高哉范蠡乘舟去，那裏是泛五湖，若綸竿不釣魚，便索他學楚大夫。」（四塊玉洞庭湖）

此詠范蠡用西施以助越復國的故事，曲中深讚隱逸的高超和知機，這也寄寓了作者的心志。

九、歌頌昇平的作品

馬致遠有中呂粉蝶兒一套和另一套殘曲，是歌頌當時昇平景象的，可能是酬應之作。

「（中呂粉蝶兒）寰海清夷，扇祥風太平朝世，贊堯仁洪福天齊。樂時豐，逢歲稔，天開祥瑞。萬世皇基，股肱良廟堂之器。

（迎仙客）壽星捧玉杯，王母下瑤池，樂聲齊衆仙來慶喜。六合清，八輔美，九五龍飛，四海昇平日。

（喜春來）鳳凰池暖風光麗，日月袍新扇影低，雕闌玉砌彩雲飛。才萬里，錦綉簇華夷。

（滿庭芳）皇封酒美，簾開紫霧，香噴金猊。望楓宸八拜丹墀內，袞龍衣垂拱無爲。龍蛇動旌旗影裏，燕雀高宮殿風微。道德天地，堯天舜日，看文武兩班齊。

（尾）祝吾皇萬萬年，鎮家邦萬萬里。八方齊賀當今帝，穩坐盤龍亢金椅。」

這套曲對當世的澄平以及王朝的盛業，有很高的歌讚，同時對天子也有很恭敬的祝福，因曲中沒提到皇帝的尊號或年號，所以不知道是歌頌那位皇帝，也不知道作於什麼年代。不過這套曲和馬致遠其他的散曲，格調完全不同，可能是應景之作。

第五章 鄭光祖

第一節 鄭光祖的生平

有關鄭光祖的生平事蹟，僅見錄鬼簿有簡短的記載，所以詳細情形根本無法考知。錄鬼簿說，鄭德輝名光祖，平陽人（此從天一閣藏明抄本，清曹寅刻本作「光祖字德輝，平陽襄陵（今山西臨汾縣）人。）由此可知，德輝是光祖的字，是否有號，則不見記載。

錄鬼簿又說他「以儒補杭州路吏」，杭州路爲元所置，治錢塘，卽今浙江杭縣治，鄭光祖只是做個小路吏而已，官職不高，所以連職銜也沒記載。

錄鬼簿又說「爲人方直，不妄與人交，故諸公多鄙之，久則見其情厚，而他人莫之及也。」看來他倒是個方正不阿之人，不大會交游，所以常受冷落，不過深交的人，倒也知道他的爲人是很厚道很熱誠的。

錄鬼簿又說他「名聞天下，聲徹閨閣，伶倫輩稱『先生』者，皆知爲德輝也。」因他會作曲，尤其編寫的雜劇很多，所以閨閣之中，伶倫之輩，都知道他的大名。

錄鬼簿最後說他「病卒，火葬於西湖之靈芝寺，諸弔送客有詩文。」由此看出鄭光祖一生大部時間都活動在杭州一帶，最後又死在杭州。錄鬼簿沒有記載他的生卒年代，只是把他列爲「方今才人相知者」，一般以爲和喬吉同爲元代第二期的曲家。但據中原音韻自序有云：「其備則自關鄭白馬，一新製作。……諸公已矣，后學莫及。」既言「諸公已矣」，則四人當皆已棄世。中原音韻成書於泰定元年（一三二四），則此時鄭光祖該已不在，這樣說來，他和馬致遠死去的年代應很相近，而喬吉死於至正五年（一三四五），可能要比喬吉早卒二十年左右。以資料不足，難以論定。

第二節 鄭光祖的雜劇

一、總目

鄭光祖所作雜劇，經各家著錄及考證，可以確定爲鄭作的，共有十七本，其名目如下：

迷靑瑣倩女離魂、㑳梅香騙翰林風月、醉思鄉王粲登樓、輔成王周公攝政。

以上四本全存。

崔懷寶月夜聞箏。（此本有殘曲）

虎牢關三戰呂布、放太甲伊尹扶湯、醜齊后無鹽破連環、三落水鬼泛采蓮舟、李太白醉寫秦樓月、周亞夫細柳營、王太后捽印哭孫子、秦趙高指鹿道馬、齊景公哭晏嬰、陳後主玉樹後庭花、謝阿蠻梨園樂府、紫雲孃。

以上十二本佚亡。

鄭氏的雜劇，問題較多，現一一分述於下：

1. 孤本元明雜劇收有虎牢關三戰呂布一劇，題鄭光祖作，據此則鄭氏此劇尚存。但據鄭騫先生元劇作者質疑一文考證，三戰呂布一劇，武漢臣、鄭光祖均有所作，今存本實爲武氏的作品。如此說來，鄭氏雖有三戰呂布的雜劇，現在還是看不到的。

2. 孤本元明雜劇收有立成湯伊尹耕莘一劇，題鄭光祖作。據徐調孚現存元人雜劇書錄、邵曾祺存本元明雜劇作者商討二文之考證，都認爲鄭氏之作，各家著錄，或爲放太甲伊尹扶湯；或爲耕莘野伊尹扶湯，與今存本題目正名都不同，而且以劇本內容看，風格也與鄭氏的作品不同，所以今存本伊尹耕莘一劇，應屬無名氏的作品。如此說來，鄭氏伊尹扶湯一劇，現在仍是失傳。

3. 孤本元明雜劇收有鍾離春智勇定齊一劇，題鄭光祖作。據徐調孚現存元人雜劇書錄、邵曾祺存本元明雜劇作者商討二文之考證，都認爲鄭氏之作，實爲醜齊后無鹽破連環，存本恐係與鄭作相近而附會爲鄭氏的作品，且以劇本內容看，風格也不類鄭作。所以今存本鍾離春智勇定齊一劇，應屬於無名氏的作品。如此說來，鄭氏醜齊后無鹽破連環一劇，目前並無存本。

4.孤本元明雜劇收有程咬金斧劈老君堂一劇，原不著作者名字，後因董其昌的跋語說：「是集余於內府閱過，乃係元人鄭德輝筆，今則宜置鄭下。」王季烈氏遂在孤本元明雜劇中改題爲鄭德輝作。鄭騫先生元劇作者質疑、徐調孚現存元人雜劇書錄、嚴敦易元劇斟疑、邵曾祺存本元明雜劇商討，都認爲前代各家著錄，鄭氏作品，都沒有老君堂一劇的名目，但憑一跋語，而遽認爲係鄭氏作品，證據未免太薄弱，故今存老君堂一劇應屬無名氏的作品。如此說來，鄭氏雜劇，並未有老君堂一劇。

至於鄭氏崔懷寶月夜聞箏一劇，北詞廣正譜收有送遠行、鬼三臺、綿搭絮、拙魯速四支曲文，太和正音譜收有送遠行一曲，與廣正譜相重。現該劇殘存四支曲文，都收在趙景深元人雜劇鉤沈中。殘曲數量不多，因此可據以研究鄭氏的作品，還在今存的四本雜劇。

二、迷青瑣倩女離魂

迷青瑣倩女離魂是鄭光祖的一本戀愛劇，敍述張倩女生魂離體，往尋情郎的故事：

張倩女與王文舉指腹爲婚。其後王之父母與張父均已過世，王家家道中落，無力完婚。王文舉赴長安應試，便道探望張氏母女，時倩女年已十七歲，張母命以兄禮見王，而不言親事。文擧問張母原因，張母以其功名未就，張家不婚白衣秀才爲答。於是文擧乃拜別出府。倩女心愛文擧，見其離去，黯然消魂。自此朝夕想思，淹淹成病，一夕，忽魂離其體，往尋文擧。

文擧夜泊江上，客途無聊，在船頭操琴。忽見倩女來訪，乃告以不可私奔，促其速回。倩女再三不肯，文擧感其情意，乃同舟進京。

文擧一擧得中狀元，修書張母，謂卽將携女同還。張母大異，以倩女正臥病不起也。倩女得書，以爲文擧移情別戀，大慟。

文擧旣歸，偕倩女魂同至，張母大驚，以爲妖孽。文擧出劍擊之，女魂急趨內宅，與原體復合，倩女乃告如夢初醒，告以終始，家人稱奇不置，於是安排完婚。

太平廣記卷三百五十八，錄有唐陳玄祐所撰之「王宙」一，下注出：「離魂記」，卽是敍倩娘離魂的故事，異聞集及綠窗詩話皆有記載。事情很離奇，但極哀艷感人，所以古今詩歌，引用者極多。鄭光祖本劇，卽本此而稍有出入。大略離魂之事，民間傳說很多，跟此事相似的，就有幽明記之龐問、靈怪錄之鄭生、及獨異志之韋堅等。不過以纏綿曲折言，都不如倩女之事，所以傳聞也以倩女獨盛。

元趙公輔有棲鳳堂倩女離魂雜劇，今已不傳。觀其題目，好像與本劇同一故事，可惜看不到它的結構與曲文，趙公輔時代在鄭光祖之前，兩劇若有關係，恐怕是鄭氏襲用趙氏之劇的。

此外明代有無名氏的離魂記傳奇，則是點染本劇而成。

本劇是一個旦本，由正旦主演張倩女及倩女魂二角，楔子及第一、三折，是張倩女上場，二、四折則由倩女魂上場，第四折倩女魂附倩女體後，再由倩女唱側磚兒、竹枝歌、水仙子等三曲，團圓收場，所以本劇若用兩女角，分飾倩女與倩女魂，以減輕演員唱做的負擔，也爲劇本所允許的。

全劇的結構，並不見怎樣出色，第二折倩女魂上王文擧的船，兩人對答，是全劇比較精彩緊湊的地方。論曲的學者，對於本劇的結構，極少予以好評(註一)，但對於曲詞，則好評如湧，幾乎認爲每一折都有絕妙佳詞。

先看第一折：

(仙呂點絳唇) 捱徹涼宵，颯然驚覺，紗窗曉。落葉蕭蕭，滿地無人掃。

這是倩女見了文擧以後，卽惹上相思，一夜魂夢醒來，對景難排的情懷。寫秋景，寫相思，着筆不多，而又入木三分。不過本折的高潮，自在倩女送行時的一段，戲曲組織，模仿王實甫西廂記的長亭送行，而曲辭則自村裏迓鼓起，至賺煞止，凡有八曲，幾乎無曲不美，現在試錄幾曲如下：

(村裏迓鼓) 則他這渭城朝雨，洛陽殘照。雖不唱陽關曲本，今日來祖送長安年少。兀的不取次棄舍，等閒抛掉，因而零落。恰楚澤深，秦關杳，泰華高，歎人生離多會少。

（游四門）抵多少彩雲聲斷紫鸞簫，今夕何處繫蘭橈？片帆休遮西風惡，雪捲浪淘淘，岸影高，千里水雲飄。

（柳葉兒）見淅零零滿江干樓閣，我各剌剌坐車兒懶過溪橋，他矻蹬蹬馬蹄兒倦上皇州道。我一望望傷懷抱，他一步步待回鑣，早一程程水遠山遙。

這些曲辭描寫別離，眞是婉轉感人，柔情萬千，的確是大手筆。

第二折言離魂進舟，倩女魂與王文擧對答，一段緊似一段，戲劇的效果最好。曲辭也是美不勝收，如

（小桃紅）我驀聽得馬嘶人語鬧喧譁，掩映在垂楊下，諕的我心頭丕丕那驚怕。原來是響璫璫鳴榔板，捕魚蝦。我這裏順西風悄悄聽沉罷，趁着這厭厭露華，對着這澄澄月下，驚的那呀呀呀寒鴈起平沙。

描寫月下江邊漁舟的情景，景象極生動，其中對於未出閨門少女，對外面世界恐懼的心理，也刻劃得非常細緻而深刻。

（禿廝兒）你覷遠浦孤鶩落霞，枯藤老樹昏鴉。聽長笛一聲何處發，歌欸乃，櫓咿啞。

此曲用馬致遠天淨沙枯藤老樹昏鴉句，加上孤鶩落霞，就有另外一種境界。至於後面三句，小舟催發，使人身歷其境，眞如王季烈螾廬曲談所說，是絕妙好詞。

（聖藥王）近蓼洼，纜釣槎，有折蒲衰柳老蒹葭。傍水凹，折藕芽，見烟籠寒水月籠沙，茅

舍兩三家。

明何良俊在四友齋叢說中，對此段曲詞，稱贊不置。他說：

「鄭德輝倩女離魂越調聖藥王內……如此等語，清麗流便，語入本色。然殊不穠郁，宜不諧於俗耳也。」這支曲文，王季烈螾廬曲談，也稱之爲絕妙好詞。

第三折演倩女在家臥病，想思文擧不置，得知文擧新娶，不知爲自己之魂，而病更加重。全折悲劇的氣氛很濃厚，而曲詞也纏綿悱惻，尤其描寫刻骨之相思，極爲消魂，今錄數曲於下：

（粉蝶兒）自執手臨岐，空留下這場憔悴。想人生最苦別離，說話處少精神，睡臥處無顚倒，茶飯上不知滋味。似這般廢寢忘食，折挫得一日瘦如一日。

（醉春風）空服徧瞑眩藥不能痊，知他這腤臢病何日起，要好時直等的見他時。也只爲這症候因他上得，得。一會家縹緲呵，忘了魂靈；一會家精細呵，使着軀殼；一會家混沌呵，不知天地。

（迎仙客）日長也愁更長，紅稀也信尤稀，春歸也奄然人未歸。我則道相隔着數萬里，爲數歸期，則那竹院裏刻徧琅玕翠。

王國維把這種曲詞比做如彈丸脫手，後人無能爲役，惟南曲中拜月琵琶差能近之，確是妙喩（註二）。

第四折敍事較多，曲文較難發揮，但其中如喜遷鶯一曲，清梁廷枏曲話，還是給以極高的評價，他說：

「倩女離魂通劇中無甚出色，在元曲可列中等，惟末折喜遷鶯云：『據才郎心性，莫不是向天公買撥來的聰明，』二語，靈心慧舌，其妙無對。較之『小姐多豐采，君瑞濟川才』，眞霄壤矣。」

今將喜遷鶯一曲錄下：

據才郎心性，莫不是向天公買撥來的聰明。那更內才外才相稱，一見了不由人不動情。忑志誠，兀的不傾了人性命，引了人魂靈。

三、㑳梅香騙翰林風月

㑳梅香騙翰林風月，故事有點像西廂記，是鄭光祖的一本風情劇：

唐晉國公裴度，生女小蠻，以感部將白參軍死義救己，於是將小蠻許與其子白敏中，並以玉帶爲憑。

白參軍與裴度皆謝世後，敏中持玉帶前往裴府探親，裴母命以兄妹相稱，頗有悔婚之意。小蠻私以香囊侑詩贈敏中，敏中見物相思，託侍女樊素通辭，約小蠻夜會，不料被夫人撞見，將樊素痛加鞭責。

樊素反責夫人以四罪：一不能從裴國公之遺命；二不能治家；三不能報白氏之恩；四不能蔽

骨肉之醜。夫人聞言，遂不了了之，乃激使敏中入朝應試，果然及第，得能團圓完婚。

全劇實係鄭氏所臆造，白敏中係白居易之從弟，字用晦，由翰林學士至宰相，以太子太師致仕卒。至於小蠻、樊素，皆是白居易之侍妾。更可笑者，因裴度、韓愈私交甚好，所以本劇又令韓愈之妹爲裴度之妻，任意點竄，因此在題材上，殊無意義。

本劇是個旦本，由正旦主演侍女樊素。樊素最爲乖覺聰明伶俐，是全劇關目之所繫，夫人口中，曾這樣讚她：

「更有一個家生的女孩兒，小字樊素，年一十七歲，與小姐做伴讀書。他好生的乖覺，但是他姐姐書中之意未解呵，他先解了。那更吟詠寫染的都好，一番家使他王公大人家裏，道上覆去呵，那妮子並無一句俗語，都是文談應對。內外的人，沒一個不稱賞他的，因此上都喚他做㑳梅香。」

本劇題目㑳梅香騙翰林風月，㑳梅香便是指的樊素。樊素的個性，有點像西廂的紅娘，全劇與西廂的故事，也十分相似，所以清梁廷枬曲話，指其與西廂有二十相同之點。今將梁氏所說相同之二十點，列表於下：

	西廂記	㑳梅香
一	張生以解圍而訂婚姻	白生以父苦戰而聯婚姻
二	張生假館於崔	白生借寓於裴

三	鄭氏使崔、張稱兄妹	韓氏使白、裴改稱兄妹
四	紅娘知鶯鶯之心事	樊素知小蠻之心意
五	張生琴訴衷曲	白生琴心挑逗
六	張生積思成病	白生病眠孤館
七	張生向紅娘傾訴	白生向樊素傾訴
八	張生跪求紅娘	白生向樊素折腰
九	張生請紅娘傳書	白生請樊素遞情詞
十	鶯鶯見書佯怒	小蠻見詞責婢
十一	紅娘佯以不識字自解	樊素也反問詞中之意
十二	紅娘戲言將告夫人	樊素詐欲出首
十三	鶯鶯答詩訂佳期	小蠻答詩私約夜會
十四	張生誤以紅娘爲鶯鶯	白生誤將樊素作小蠻
十五	鶯鶯燒香	小蠻燒香
十六	崔夫人拷打紅娘	裴夫人也打問樊素
十七	紅娘巧辯歸罪於崔夫人	樊素據理義責裴夫人
十八	崔夫人促張赴京應試	裴夫人促白赴京應試
十九	鶯鶯贈張汗衫裹肚	小蠻贈白玉簪金鳳
二十	張衣錦還鄉	白狀元及第

由此可見，㑳梅香的關目，幾乎全部模擬西廂，甚至插科打諢及賓白，也有很多剽襲西廂。所以前代學者，大多指㑳梅香是鄭氏有意模仿西廂記的作品。

但在曲詞來說，本劇跟倩女離魂一樣，有很多好詞，足以流傳不朽。如第一折

（寄生草）他曲未終腸先斷，俺耳纔聞愁越增。一程程捱入相思境，一聲聲總是相思令，一星星盡訴相思病。不爭向琴操中，單訴着你飄零。可不道腮兒外，更有個孤另。

（六么序）聽呀的門扃，似擦的人行，驀的聞聲，諕的潛行，猛的疑睛，淅的零零，煞的風清。卻原來羣花弄影，他將我來諕一驚。

這些曲詞的優點，在於蘊藉有趣，明何良俊四友齋叢說，說鄭德輝所作情詞，亦自與人不同。可謂一語中的。因爲鄭氏所作兩本言情之作，倩女離魂的穠豔，與本劇的清俊，曲中情趣，都是別人所比不上的。所以王季烈螾廬曲談，對於鄭氏曲詞，總愛用「絕妙好詞」四字作評，他評寄生草一曲也是如此。粗看好像不着邊際，細細想去，卻覺得除此以外，還無以名之呢。

第二折中，也有很多佳曲：

（初問口）不爭你先輩顛狂，枉惹的吾儕取笑。你戀着這尾生期，改盡顏回樂。又不曾薦枕席，便指望同棺槨。只想夜偸期，不記朝聞道。

（好觀音）上覆你個氣咽聲絲張京兆，他待填還你枕剩衾薄，待着你帽兒光光過此宵。恰正午怎盼的日頭落，不曾見這急色的呆才料。

和西廂的幾段曲文相比，這幾支曲詞就顯得含蓄得多。所以何良俊贊它「語不着色相，情意獨至，眞得詞家三昧者也」。

第三折有很多出語本色的曲詞：

（小桃紅）那生敢倚書聰，想像赴高唐。嚇得我可樸樸小鹿兒心頭撞，偌早晚是誰人敢無狀？可怎生恁風狂。若是俺夫人撞見如何講？便道是害的你神魂蕩漾，你也合將眼皮開放，你常好是熱蟒也沈東陽。

（調笑令）劈面的便搶和俺那病襄王，呀，怎生來翻悔了巫山窈窕娘，滿口兒之乎者也無攔當。用不着恭儉溫良，謊的那有情人，恨無個地縫兒藏，羞殺我也傅粉何郎。

這兩段都是樊素嘲訕白敏中的話，白話中不免有跩點兒文，顯得更爲有趣。歷代論曲學者，在關目、結構，儘有非議鄭劇的地方，但於曲詞，則莫不贊賞，可見鄭氏的曲詞，自有其動人的地方。

四、醉思鄉王粲登樓

醉思鄉王粲登樓是鄭氏的一本仕隱劇，演蔡邕激勵王粲的故事：

三國時王粲，家貧學富。本與丞相蔡邕女桂花指腹爲婚。邕數遣書邀其往訪，粲恃才氣傲，不肯前去，後以母命，不得已前往京師。

邕與曹植密商，託植之名爲書，薦粲於劉表。及粲至，邕於席中故輕慢之，粲大恚而歸。曹植乘機乃勸粲往投劉表。及至，劉表以粲貌不揚人，且性孤傲，未予任用。粲乃落魄荊楚之間。

有許達者，建一樓曰溪山風月，風景絕佳。粲登樓思鄉，潛然淚下。正飲酒間，忽詔下授爲天下兵馬大元帥。蓋粲曾作萬言策，懇植代進，而由邕進呈，故有此授。粲還，念蔡邕之舊恨，不與爲禮，經曹植具道始末，始恍然大悟，感邕之德，與邕女共諧連理。

本劇所演王粲、蔡邕、曹植，都是三國時代的人物，三國志魏志王粲傳曾記載蔡邕特別看重王粲，曾說：「此王公孫也，有異才，吾不如也。吾家書籍文章，盡當與之。」但本劇以蔡邕、王粲二人爲翁壻，則缺乏史實的根據。至於用曹植做關目，則是以爲與王粲二人齊名，並稱曹王的緣故。

王粲至荊州依劉表，不得意而有登樓賦之作，這是一篇很有名的賦文，本劇把它改成詩，爲了便於點染。後來王粲一下子被召授天下兵馬大元帥，則是元劇俗套，才子旣一定中頭名狀元，則王粲任爲天下兵馬大元帥，也就不必指責了。

鄭氏此劇，對於後世影響很大，好幾種戲曲都模仿它的結構，乃至題意、曲詞。所以梁廷枏曲話說：

「漁樵記劇劉二公之於朱買臣，王粲登樓劇蔡邕之於王粲，舉案齊眉劇孟從叔之於梁鴻，及至貴顯，不肯相認，然後旁觀者爲說明就裏。不獨劇中賓白同一板印，卽曲文、命意、遣詞亦幾如合掌。」

漁樵記全名朱太守風雪漁樵記，擧案齊眉全名孟光女擧案齊眉，此兩劇均不知作者姓名，時代都在鄭光祖之後。此外尙有凍蘇秦衣錦還鄉，亦無名氏作，演張儀暗激蘇秦的故事，很顯明地也是受了本劇的影響。

全劇結構平平，其中以第三折最爲精彩，以元劇論，通常第三折便是高潮的地方。本劇第三折演王粲登樓，思鄉感時，所以成爲全劇的主意，其餘三折，不過是附麗而已。以曲文而言，也是以本折爲最好。尤其是迎仙客一曲，前代大家，對之贊賞備至。中原音韻、太和正音譜，都收有此曲。明蔣一葵堯山堂外紀，對此曲有極精闢的分析：

「鄭德輝王粲登樓中呂迎仙客云：『雕簷紅日低，畫棟綵雲飛，十二闌干天外倚。望中原，思故國，感慨傷悲，一片鄉心碎。』妙在『倚』字上聲起音，一篇之中，唱此一字，況務頭在其上，『原』『思』屬陰，『感』『慨』上去尤妙。迎仙客累百，無此調也。美哉德輝之才，名不虛傳。」

這是從曲律上去論鄭氏此曲之佳的。在意境風格上來說，本劇第三折裏的曲文，大多是意象悲壯，命意高秀，情感眞摯的好作品，與倩女離魂，傷梅香等，又有不同的境界，現在再錄二曲如下，以見一斑：

（普天樂）楚天秋山疊翠，對無窮境色，總是傷悲。好教我動旅懷、難成醉，枉了也壯志如虹英雄輩，都做助江天景物凄其。氣呵做了江風淅淅，愁呵做了江聲瀝瀝，淚呵彈做了江雨霏霏。

（上小樓）一片心扶持社稷，兩隻手經綸天地。誰不待執戟門庭，御車郊原，舞劍尊席。我怎肯與鳥獸同羣，豺狼作伴，兒曹同輩，兀的不屈沉殺五陵豪氣。

五、輔成王周公攝政

輔成王周公攝政是鄭光祖的一本歷史劇，敍述周成王年幼，周公輔政的故事：

武王病重，恐太子成王年幼，不能以威德服天下，乃托孤於周公。武王崩，周公乃奉遺詔，册東宮，登寶位，代先帝拜南郊。周公攝政未久，管叔、蔡叔、霍叔藉口周公篡位，起兵造反。周公乃起兵東征，歷二年，亂平。其年秋，雷雨大作，飛沙走石，林木拔折，國中大驚，乃啓武王金縢之書視之，其中果有令周公攝政輔成王及伐東土之說，於是天下咸服，風雨平息。是年，歲大熟，唐叔乃獻嘉禾以祭先王。

本劇內容，大略根據史傳敷演而成，同類的劇本，元代金仁傑還有周公旦抱子攝朝雜劇，今已不傳，不知道有無與本劇異同之處。因爲故事簡單，所以後世戲曲，幾乎沒有再以此爲題材的。

因爲故事缺乏情節，所以本劇的結構，沒有特別出色的地方。一般而論，本劇只像二三流劇作家的作品，所以在鄭氏現存的作品中，本劇是最差的一本。

至於本劇的曲文，雖然不能與倩女離魂和㑳梅香相比，但是由正末主演的周公，所唱的曲詞，還保有雄厚的氣魄。如：

（中呂粉蝶兒）想衆口嗷嗷，苦殘殷紂王無道。昨日致師於牧野商郊，一戎衣，天下定，宜明王敎。怎生便鳳返丹霄，哭一聲，痛連心血流七竅。（第二折）

（東原樂）微臣當辭位，宜棄職，乞放殘骸歸田里，娘娘道不放微臣出宮闈。進退兩難爲，微臣叩頭出血、免冠請罪。爲甚把金盆約退？非敢把懿旨相違。微臣身沿着罪惡點汚盡忠直，濯呵濯得了腮邊血汚，滌呵滌得淨面上塵灰。（第三折）

（太平令）打打這厮凍妻子舌尖了快，打打這厮圖哺啜信口胡開。打打這厮大共小着讒言攪壞，打打這厮沒的有把平平展賴。將口來，豁開，至兩腮，不恁的呵這人說是非的除天可害。

氣勢很雄渾，很像輔國的攝政口吻。不過大多數曲文引用經史之語太多，形成半文半白，而不夠本色，這是本劇曲文中很大的一個缺點。

六、結　論

自中原音韻以來，論元代之曲家，多稱關、馬、鄭、白，號爲四大家。元鍾嗣成錄鬼簿說他

「名聞天下，聲徹閨閣，伶倫輩稱『先生』者，皆知爲德輝也。」可見儘管很多學者，認爲鄭氏是四大家中最弱的，但是在鄭氏當世，他享有盛名，卻是事實。

吳梅中國戲劇概論說：「關、鄭二家，以劇曲著，不以散曲名。」這段話按諸錄鬼簿，「伶倫輩稱先生」，可知鄭氏在雜劇界的地位。以現代學者的觀點來看，戲曲是綜合的藝術，曲詞以外，命意、關目、賓白、遣詞，乃至角色的彫塑，都是戲曲是否傑出的骨幹。在這一點來看，鄭光祖無寧是使人失望的，因爲他現存的雜劇，不但無一可與關、王、馬、白等大家相比，有些劇作，如周公攝政，更似乎是二三流作家的作品。學者們對他有微詞，是最確當不過的。

然而單以曲詞而論，則鄭光祖確有過人的地方。鍾嗣成淩波仙詞贊他：

「乾坤膏馥潤肌膚，錦繡文章滿肺腑，筆端寫出驚人句，解繙騰，今是古，詞壇老將輸伏。翰林風月，梨園樂府，端的是曾下功夫。」

明寧獻王朱權太和正音譜說他：

「鄭德輝之詞如九天珠玉。其詞出語不凡，若咳唾落乎九天，臨風而生珠玉。誠傑作也！」

這都是就曲文來作評論標準的結果，以此立論，則歷代學者，莫不對鄭氏贊賞備至的。

明代何良俊，是極欣賞鄭氏劇曲的一人，他的四友齋叢說，對於倩女離魂、㑇梅香等劇曲，滿口稱好，已見以上各小節，茲不贅。在四友齋叢說中，尚有對鄭氏的總評，則值得一提：

「元人樂府稱馬東籬、鄭德輝、關漢卿、白仁甫爲四大家。馬之詞老健而乏姿媚，關之詞激厲而少蘊藉，白頗簡淡，所欠者俊語，當以鄭爲第一。」

這是對鄭氏最好評的學者了。至於對鄭氏最無好評的，當推明代的王世貞，他的曲藻說：

「何元朗（註三）極稱鄭德輝㑳梅香、倩女離魂、王粲登樓，以爲出西廂之上。㑳梅香雖有佳處，而中多陳腐措大語，且套數出沒賓白全剽西廂。王粲登樓事實可笑，毋亦厭常喜新之病歟？」

淸李調元雨村曲話，在引了曲藻這段話後，加以簡評說：

「然㑳梅香雖不出西廂窩臼，其秀麗處究不可沒。」

秀麗二字，仍指其曲文。這段話代表一般學者的意見，鄭氏雜劇，儘有很多缺點，但談到曲文，則不能不還他一席之地。

再看近代的學者，王季烈螾廬曲談，對於倩女離魂中的點絳唇、村裏迓鼓、柳葉兒、禿廝兒、聖藥王，㑳梅香之寄生草、相思令等曲，都稱之爲「絕妙好詞」，可算是鄭氏的第一知己。其餘各家，論其曲文的，無不稱爲美麗動人，柔情婉轉，淸麗流便等等，大多予以好評。邵曾祺元雜劇六大家略評，對鄭氏曲辭之美，有很透徹的說明：

「鄭光祖是元朝四大曲家之一。鍾嗣成說他：名聞天下，聲振閨閣，伶倫輩稱爲鄭老先生，可見他名氣之大了。然而細看現在的五本劇本（註四），則並沒有太十分了不得的地方。從結構一方面看起來，沒有一本是健全的。也許鍾嗣成說他所作貪於俳諧，未免多於斧鑿，就是指這種地方。就詞彩而言，倩女離魂與翰林風月確是上等作品。尤其是倩女離魂，詞句之美，在元劇中獨樹一幟，完全拋開了舊的本色體裁，而以陰柔的詞彩見長，和前期作風絕不相同，可稱鄭的代表作。」

可見鄭的曲文，純以豔麗陰柔的文采見長，而與元劇前期本色的作品不同。王國維先生宋元戲曲史說：

「鄭德輝清麗芊綿，自成馨逸，不失爲第一流。……以唐詩喻之，德輝似溫飛卿。……以宋詞喻之，德輝似秦少游。」

依個人看來，鄭氏跟溫庭筠，似乎更接近些。少游清麗，但沒有鄭氏那樣的陰柔和穠豔啊。

註一　如梁廷柟曲話，劉大杰中國文學發展史，邵曾祺元雜劇六大家略評。

註二　王國維宋元戲曲史元劇之文章。

註三　元朗是何良俊的字。

註四　邵氏是把現收入孤本元明雜劇的虎牢關三戰呂布，算作鄭氏的作品，故云五本。

第三節　鄭光祖的散曲

鄭光祖的散曲，所存不多，隋樹森全元散曲輯得小令六首（據抄本陽春白雪後集一輯得正宮塞鴻秋三首，據陽春白雪前集二輯得蟾宮曲一首，據樂府羣玉輯得蟾宮曲二首），套數兩套（據太平樂府輯得雙調駐馬聽近秋閨一套，據北宮詞紀輯得南呂梧桐樹題情一套）。

鄭光祖散曲的風格，可說是清麗的。梁乙眞評說：「他的散曲，……大都以清麗爲宗，是張可久的同調。」（元明散曲小史第三章），譚正璧說：「散曲極少，但作風頗清麗。」（元曲六大家略傳），楊蔭深說：「亦工散曲，頗愛雕飾詞句，今存者甚少。」（中國文學家列傳）各家對鄭氏散曲風格的評論，大體說是一致的。我們由現存的幾首曲來看，文辭非常清麗，其中也常用古語，對詞藻很下工夫雕鏤。

一、表現隱逸思想的作品

鄭光祖的三首小令塞鴻秋，是表現隱逸思想的作品。

「門前五柳侵江路，莊兒緊靠白蘋渡。除彭澤縣令無心做，淵明老子達時務。頻將濁酒沽，識破興亡數。醉時節笑撚着黃花去。」（正宮塞鴻秋一）

這首曲完全表露出作者的隱逸思想，他已識破興亡數，要倣效陶淵明，過田園生活，醉酒自適。這首曲文字清麗，風格放逸。

「雨餘梨雪開香玉，風和柳線搖新綠。日融桃錦堆紅樹，烟迷苔色鋪青褥。王維舊畫圖，杜甫新詩句。怎相逢不飲空歸去。」（塞鴻秋二）

這首曲對春日的景物描寫得非常動人，桃紅柳綠，梨白苔青，顏色鮮明，眞正構成一幅美麗的圖畫，同時也是詩一般的意境。末了一句「怎相逢不飲空歸去」，顯示了作者的生活態度，瀟灑而又放逸。

「金谷園那得三生富，鐵門限枉作千年妬。汨羅江空把三閭汚，北邙山誰是千鍾祿？想應陶令杯，不到劉伶墓。怎相逢不飲空歸去。」（塞鴻秋三）

這首曲有很濃的退隱意識，作者把富貴名祿都已看破，認爲這些都是不值得留戀的。只有飲酒自娛，及時行樂，才是最現實的。曲中用了很多故事，文辭也很工整。

二、描寫離思別情的作品

鄭光祖寫離思別情的作品，所留存的雖不多，但已可看出他的才華，在這方面他是最能表現的。

「半窗幽夢微茫，歌罷錢塘，賦罷高唐。風入羅幃，爽入疎欞，月照紗窗。縹緲見梨花淡粧，依稀聞蘭麝餘香。喚起思量，待不思量，怎不思量。」（雙調蟾宮曲夢中作）

這首曲寫夢中會見情人，因而喚起思量。開頭描寫夜晚的景色，非常幽美，接着在夢中「縹緲見梨花淡粧，依稀聞蘭麝餘香」，寫的非常委婉悽迷，表現的情感卻很深摯。文辭清麗而又工整。

「弊裘塵土壓征鞍鞭倦裊蘆花，弓劍蕭蕭，一竟入烟霞。動羈懷西風禾黍秋水蒹葭。千點萬點老樹寒鴉，三行兩行寫高寒呀呀雁落平沙。曲岸西邊近水渦魚網綸竿釣艖，斷橋東下傍溪沙疏籬茅舍人家。見滿山滿谷，紅葉黃花。正是淒涼時候，離人又在天涯。」（雙調蟾宮曲二）

這首曲陽春白雪、北詞廣正譜均屬白無咎（賁），樂府羣玉屬鄭德輝，隋氏全元散曲則於兩家曲中互見。

梁乙眞評說：「此類饒有畫意的清逸的句子，置之小山集中，當能亂眞。」（元明散曲小史第三章）這首曲文辭非常清麗，而所寫的意境又非常悽婉。在清幽的景象之中，隱含着淒涼的傷感，飄零孤寂的離愁。由靜幽的景物，來襯托淒涼的心情，更有烘托之效。

「飄飄泊泊船纜定沙汀，悄悄冥冥，江樹碧熒熒。半明不滅一點漁燈，冷冷清清瀟湘景晚風生。淅留淅零暮雨初晴，皎皎潔潔照櫓篷剔留團欒月明。正瀟瀟颯颯和銀箏失留疎剌聲秋，見希颩胡都茶客微醒。細尋尋思思雙生雙生，你可閃下蘇卿。」（雙調蟾宮曲一）

這首曲對景物的描寫非常優美，船纜沙汀，江樹熒熒，半明不滅的一點漁燈，這眞是一幅冷清瀟湘夜景。接着是晚風起，暮雨晴，皎潔的圓月生明。在銀箏和秋聲中，茶客醒來，想到那位書生，閃下了蘇卿，不知有多少離情別恨。末尾用馮魁、雙漸和蘇卿的故事，來描繪情感的糾葛，表現的很自然。

「（雙調駐馬聽近）敗葉將殘，雨霽風高摧木抄。江鄉瀟灑，數株衰柳罩平橋。露寒波冷翠荷凋，霧濃霜重丹楓老。暮雲收，晴虹散，落霞飄。

(么)雨過池塘肥水面，雲歸巖谷瘦山腰。橫空幾行塞鴻高，茂林千點昏鴉噪。日銜山，船艤岸，鳥尋巢。

(駐馬聽)悶入孤幃，靜掩重門情似燒。文窗寂靜，畫屏冷落暗魂消。倦聞近砌竹相敲，忍聽鄰院砧聲搗。景無聊，閒階落葉從風掃。

(么)玉漏遲遲，銀漢澄澄涼月高。金爐烟燼，錦衾寬剩越難熬。強啀夜永把燈挑，欲求歡夢和衣倒。眼才交，惱人促織叨叨鬧。

(尾)一點來不夠身軀小，響喉嚨針眼裏應難到。煎聒的離人，鬭來合噪，草蟲之中無你般薄劣把人焦。急睡着，急驚覺，緊截定陽臺路兒叫。」(秋閨)

這套曲是描寫閨中女子在秋月淒涼寂寞中愁思苦念的情景，文辭非常美，描寫得非常細緻。開頭兩首曲都是寫景，對秋日的景物以及秋天的氣象，都寫得非常入微。由這些景物，更造成一種氣氛。接着兩支曲就寫出深閨的孤寂，思婦的煎熬。末尾藉着促織的叫聲，道出閨婦的急驚和煩躁。曲中很多詞句都雕飾的很美，像「雨過池塘肥水面，雲歸巖谷瘦山腰」，詞意妥貼，偶對工整，音律和諧，簡直就是工整的詩句。

「(南呂梧桐樹南)相思借酒消，酒醒相思到。月夕花朝，容易傷懷抱。懨懨病轉深，未否他知道。要得重生，除是他醫療，他行自有靈丹藥。

（罵玉郎北）無端掘下相思窖，那裏是蜂蝶陣，燕鶯巢。癡心枉做千年調，不札實似風竹搖。無投奔似風絮飄，沒出活似風花落。

（東甌令南）情山遠，意波遙，咫尺粧樓天樣高。月圓苦被陰雲罩，偏不把離愁照。玉人何處教吹簫，辜負了這良宵。

（感皇恩北）呀！那些箇投以木桃，報以瓊瑤。我便似日影內捕金烏，月輪中擒玉兔，雲端裏覓黃鶴。心腸枉費，伎倆徒勞。也是我恩情盡，時運乖，分緣薄。

（浣溪沙南）我自招，隨人笑，自古來好物難牢。我做了謁漿崔護違前約，採藥劉郎沒下梢，心懊惱。再休想畫堂中，綺筵前，夜將紅燭高燒。

（採茶歌北）疼熱話向誰學，機密事把誰托，那裏是潯陽江上不通潮。有一日相逢酬舊好，我把這相思兩字細推敲。

（尾聲南）我青春，他年少，玉簫終久遇韋臯，萬苦千辛休忘了。」（題情）

這套曲是南北合套，雍熙樂府題作「惜別」，不注撰人，北宮詞紀題作「題情」，標鄭德輝所作。

這套曲對相思之情，失意之苦，都寫得非常深刻。曲中許多句子也做得非常工整，文辭也很清麗。像「情山遠，意波遙，咫尺粧樓天樣高。月圓苦被陰雲罩，偏不把離愁照。」意境文辭都很美，雖然是襲用古人的詞句，但是用得很自然，並沒有斧鑿之痕。

第六章　喬　吉

第一節　喬吉的生平

有關喬吉的生平事蹟，錄鬼簿等記載，均不很詳細，現在我們也祇能根據這些資料，了解大概的情形。

一、字號與故里

錄鬼簿說：「喬夢符名吉，太原人，號笙鶴翁，又號惺惺道人。」（此據天一閣藏明抄本，曹寅刊本則作「喬吉甫，字夢符，」餘同。）明蔣一葵堯山堂外紀亦云喬吉，字夢符。元陶宗儀輟耕錄云：「喬夢符（吉）博學多能。」到王國維元戲曲家小傳則說「喬吉，一作吉甫，字夢符，號笙鶴翁，又號惺惺道人，太原人。」喬吉的字號和里居都可以淸楚了。

錄鬼簿云：「美容儀，醉辭章。」輟耕錄云：「喬夢符（吉）博學多能，以樂府稱。嘗云：『作樂府亦有法，曰「鳳頭、猪肚、豹尾」六字是也。大概起要美麗，中要浩蕩，結要響亮，尤貴在首尾貫串，意思清新。苟能若是，斯可以言樂府矣。』此所謂樂府，乃今樂府，如折桂令、水仙子之類。」此可見喬吉早有才名，尤其擅長作曲。

二、生活軼事

喬吉早年生活浪漫，馳逐章臺，流連風月，過着無拘無束的生活，我們從他的散曲中，就可以看出他的生活情形。他和很多歌妓都有來往，尤其是對一位叫李楚儀的歌妓更是愛戀不捨，可能兩個人有一個時期曾親蜜的來往（註一）。我們看他寫曲贈送給這些歌妓的，給李楚儀的最多，在他現在留存的散曲中，題明李楚儀的曲就有六首之多。另外贈曲給其他歌妓的有張天香（贈張氏天香）、瞿子成（簾內佳人瞿子成索賦）、崔秀卿（苕溪七夕飲會贈崔秀卿李總管索賦）、周士宜（毗陵張師明席上贈歌妓周士宜者）、王玉蓮（仲明同知坦然齋集蘇老琵琶吳國良簫歌者王玉蓮）、江雲（贈江雲）、王柔卿（贈柔卿王氏）、朱阿嬌、李玉貞（贈姑蘇朱阿嬌會玉貞李氏樓、贈朱阿嬌）、常鳳哥（贈常鳳哥）、朱翠英（贈朱翠英）、顧觀音（贈顧觀音）、孫梅哥（贈孫梅哥）、郭蓮兒（贈郭蓮兒）、劉牙兒（贈劉牙兒）、羅眞眞（贈羅眞眞）、李琬卿（李琬卿），這些題名贈曲的就有十六人之多，還有一些贈歌妓的曲沒題名字，可能還另有其人，可見喬吉和歌妓來往很多，風流韻事一定不少。

喬吉在中年之後，那種留連花街柳巷的生活漸漸改變，而以威嚴自飭，浪蕩江湖，做起「酒聖」、「詩禪」來了。錄鬼簿說他「以威嚴自飭，人敬畏之，居杭州太乙宮前，有題西湖梧葉兒百篇，名公爲之序。」這可以看出，他在當時住在風景秀麗的杭州，以創作爲樂，很得人們的敬重。錄鬼簿又說他：「江湖間四十年，欲刋所作，竟無成事者。」可見他一生沒做過官，只是在江湖間浪蕩。他的一首自述的小令說：「不占龍頭選，不入名賢傳。時時酒聖，處處詩禪。烟霞狀元，江湖醉仙。笑談便是編修院，留連，批風切月四十年」。（正宮綠么遍自述）這眞他半生生活的寫照。

喬吉生於元世祖至元十七年（一二八〇），卒於至正五年（一三四五），活了六十六歲。他這一生，客居江南，窮愁潦倒，流落江湖，是一個很不得意的落魄文人。

註一　參見譚正璧元曲六大家略傳引趙景深喬吉與李楚儀一文。

第二節　喬吉的雜劇

一、總目

下：

喬吉的雜劇，今尚存於世者，只有兩種，全佚存目的，凡有九種之多，共計十一種，其目如

杜牧之詩酒揚州夢、玉簫女兩世姻緣。（此兩本今存）

唐明皇御斷金錢記、死生交託妻寄子、昭雲月嬌雲認玉釵、燕樂毅黃金臺、馬光祖勘風情、荆公遣妾、節婦牌、賢孝婦、九龍廟。（此九本皆佚亡，後四種則僅剩簡名，至其正名，亦不可考）

元曲選、影印元明雜劇，都收有李太白匹配金錢記一本，題喬吉撰。鄭騫先生在元劇作者質疑（註一）一文中考證，今存李太白匹配金錢記，實係石君寶作，並非喬吉的作品，喬吉所作，則爲唐明皇御斷金錢記，今尚未見流傳之本。按近代學者，大多以爲喬吉的雜劇，今存三本，都是把金錢記算進去的緣故。今本金錢記既非喬作，則喬氏的作品，今存者實只有兩本，而佚亡者則有九本之多。

二、杜牧之詩酒揚州夢

杜牧之詩酒揚州夢一劇，是描寫唐代詩人杜牧，與歌妓張好好的戀愛故事。全劇的大意是：

唐代詩人杜牧，迷花好酒，風流倜儻。一日在豫章太守張紡筵上，認識了歌妓張好好。好好年方十三，姿色妍麗，能歌善舞，杜牧一見就愛上了她。

後來張紡介紹好好給舊友牛僧孺做義女，僧孺做揚州太守，就帶了好好上任。此時杜牧已經任官翰林侍讀，因公路過揚州，在牛僧孺請客的宴席上，得與好好重逢。杜牧感懷往事，情不自禁，但在席上不便互訴衷曲，只得以眉目傳情，卻被僧孺識破。僧孺以杜牧不求上進，酒病詩魔，依然如舊，於是冷淡應付。

第二日，杜牧再去拜訪僧孺，僧孺託故不見。杜牧正於牛府翠雲樓歇息，夢中則與好好相見，醒後悵悵而回。

杜牧想思好好成疾，於是挽請揚州富翁白文禮到牛府去說親。文禮因感杜牧癡情，乃慨然允諾前去說媒。

文禮在金字館安排筵席，宴請僧孺、杜牧二人。在席上杜牧當面向僧孺求親，僧孺感杜牧意誠，於是令好好下嫁，當日成親。恰巧張紡也來到了，原來張紡已改任京兆尹，朝廷因杜牧縱情花酒，本擬降罪，幸賴張紡保奏，才得赦免。張紡乃切實勸勉一番，全劇在杜牧立志改過下，團圓收場。

杜牧是唐代的風流詩人，才華過人，風流自賞，所以韻事很多，他有一首贈張好好的詩，詩前有序：

「牧太和三（八二九）年，佐故吏部沈公江西幕，好好年十三，始以善歌來樂籍中。後一歲，公移鎮城，復置好好宣城籍中。後二歲爲沈著作述師以雙鬟納之。後二歲，于洛陽東城重視好好，感舊傷懷，故題詩贈之。」

可見好好是確有其人的，只是事實上好好爲別人量珠聘去，並沒有跟杜牧結合。至於杜牧生平的風流韻事，冶遊閒蕩，不拘小節，不求浮名等等的事蹟，則見於唐于鄴的揚州夢記。該記敍述牛僧孺出鎭揚州，請杜牧任節度書記。杜牧性疎野，雖強自檢束而不能自禁，每夜宴遊倡樓之上，不能自拔。牛僧孺恐杜牧在倡樓發生意外，秘密派人保護他，有幾年之久。直等杜拜侍御史，牛僧孺在餞行席上方才一一說出，並勸他珍重改過，杜牧大爲感動，泣拜致謝。

揚州夢記述杜牧在揚州之荒唐冶遊生活，但並沒有張好好的故事，喬吉作揚州夢雜記，則是把揚州夢記跟張好好的故事，參錯而成。杜牧有遣懷詩：「落拓江湖載酒行，楚腰纖細掌中輕。十年一覺揚州夢，贏得青樓薄倖名。」就是追憶揚州的生活而作，喬吉就拿它來作爲題目了。

至於喬吉本人，跟杜牧很有相似的地方，美姿容，善詞章，尤其是風流倜儻，不拘小節。所以喬吉早年馳逐章臺，留下很多的風流韻事。趙景深氏有喬吉與李楚儀一文，鉤稽喬吉與名妓李楚儀的戀愛故事，非常詳細。事實上喬吉跟很多妓女，都有過來往，他的小令中，題贈給那些妓女的，約略數之，就有十六人之多（註二）。揚州夢第一析杜牧唱：

（油葫蘆）月底籠燈花下遊，閒將佳興酬。綺羅叢封，我做醉鄉侯。酌幾杯錦橙漿，洗淨談天口。折一枝碧桃春，占定拿雲手。打迭起翰林中猛性子挺，拽扎起太學內體樣兒㑳。趁着這錦封未剖香先透，渴時節吸盡洞庭秋。

〔天下樂〕端的是一醉能消萬古愁，醒來時三杯扶起頭。我向那紅裙隊裏奪了一籌，看花呵致成症候，飲酒呵灌的醉休。我則待勝簪花，常帶酒。

這不但是杜牧的生活，更可以說是喬吉的自道。

不過喬吉雖在脂粉隊中討生活，跟李楚儀的交往，究與別人不同些，因此在喬吉的散曲中，給李楚儀的顯得特別多，使人覺得這跟其他一曲交情的歌妓，自有絕大的分別。給楚儀的贈曲，也特別纏綿些，試看雙調水仙子楚儀贈香囊賦以報之一首，有香囊之贈，足見交情之不凡，而詞中的文句：

玉絲寒皺雪紗囊，金剪裁成冰筍涼。梅魂不許春搖蕩，和清愁一處裝。芳心偷付檀郎，懷兒裏放，枕袋裏藏，夢繞龍香。

顯見二人的交情，實是到達戀愛的高峯，絕不是普通的情人密友了。

喬吉和楚儀的戀愛似乎並沒有好的結果，楚儀後來爲人量珠聘去（趙景深氏指其人爲賈侯，譚正璧讀曲小記，則以爲王士熙），兩人分手時，喬吉有〔越調小桃紅別楚儀〕送她（註三）。情意綿綿，而又令人憐憫。楚儀嫁後，還乘便託文從周來致意，喬吉也有雙調折桂令以記之：

（會州判文從周自維揚來道楚儀李氏意）文章杜牧風流，照夜花燈，載月蘭舟。老我江湖，少年談笑，薄倖名留。贈楊柳人初病酒，采芙蓉客已驚秋。醉夢悠悠，雁到南樓，寄點新愁。

此曲乾脆以杜牧自況，往事如烟之感懷，充滿字裏行間。個人認爲揚州夢一劇之作，很可能孕育在此時，因爲本曲實在很像是該劇的提要，很有南曲「家門」的味道。不過，揚州夢以團圓收場，與喬吉眞實的戀愛情形不同，可能是不脫作曲的窠臼，但個人也認爲喬吉的潛意識，有相當大的補償作用在內。

揚州夢的曲詞，非常淸麗秀美，而且寫情寫景，常得交融之美。如第一折中：

（那吒令）倒金缾鳳頭，捧瓊漿玉甌。蹴金蓮鳳頭，並凌波玉鈎。整金釵鳳頭，露春纖玉手。天有情，天亦老，春有意，春須瘦。雲無心，雲也生愁。

天、春、雲幾句，可以稱爲本劇中的警句。至於其他的曲文，也多有艷麗之作，不勝例擧，且以第二折正宮端正好作爲代表，以爲談本劇之結束：

衫袖濕，酒痕香；帽簷側，花枝重。似這等賓共主，和氣春風。一杯未盡笙歌送，就花前喚醒遊仙夢。

三、玉簫女兩世姻緣

兩世姻緣的故事不太眞實，很富傳奇性，這是因爲出於唐代傳奇玉簫傳的緣故。全劇的大意是：

成都士子韋皐，年少風流，與妓女韓玉簫相愛，互相已有白頭之訂。其時朝廷掛榜招賢，玉簫假母於是促韋上京求取功名。韋與玉簫依依而別，臨行相約，得官後卽來相娶。

事隔數年，沒有一點消息，玉簫得病將死，臨終前自己畫像一幅，作詩一首，囑母往京師訪韋。玉簫死後，其母果往京師，但遍訪不着，廢然而回。

又過數年，韋已任官鎭西大元帥，派人去接玉簫，始知已經病亡。韋赴任時，途經荆州，節度使張延賞宴請他，並請義女侑酒。韋見女之面貌，與玉簫一般無二，低聲叫她玉簫，卻也頻頻答應，原來名字也叫玉簫。

韋向延賞求婚此女，延賞因見他在席上輕薄，怒而不允，兩人鬧至不歡，正在此時，玉簫假母持畫而至，延賞見畫，始相信韋之失態，原係一片眞情之故。韋上奏朝廷，遂奉旨完婚。

兩世姻緣也是一本戀愛劇，與揚州夢不同者，則本劇爲一旦本，由正旦飾演前後玉簫。全劇前二折由韓玉簫上場，後二折則由張玉簫出場，角色分配也很平均。結構自然而緊湊，是元劇中的佳作，只是第四折顯得急促而混亂。至於曲詞之清麗，本是喬氏最拿手的，尤其第一折末尾送別時玉簫的曲詞，悽涼婉轉，令人落淚：

（靑歌兒）天哪！人在這離亭離亭開宴，酒和愁怎生怎生呑嚥。狠毒娘下的也麼天。情緒綿綿，想柳畔花邊，月下星前，共枕同眠，攜手凭肩。離暮雨亭軒，望落日山川。問離鞍何日是歸年？俺和你重相見。

第二折的佳詞尤其多，寫得纒綿悱惻，而又豔麗華美，現在也舉兩曲於下：

（尙京馬）我覷不的雁行絃斷臥瑤箏，鳳嘴聲殘冷玉笙，獸面香消閒翠鼎。門半掩悄悄冥冥，斷腸人和淚夢初醒。

（柳葉兒）兀的不寂寞了菱花粧鏡，自覷了自害心疼。將一片志誠心，寫入了冰綃幀。這一篇相思令，寄與多情，道是人憔悴不似丹青。

四、結　論

喬吉和鄭光祖都是元劇後期的作家。一般說來，前期作家的風格，都較質樸，所謂本色當行。鄭、喬之時，曲風就有很大的轉變，最主要的，就是他們注意曲詞的修飾，在曲詞中表現他們文學的才華，至於其他排場結構角色性格方面，也就比較不太注意。所以他們對戲劇的看法，實在是非常文學化的。戲劇自鄭、喬之後，漸漸發展到出於文人之手，這種改變也是很自然的。

元賈仲明的凌波仙曲，評喬氏的劇曲說：

「金錢記、揚州夢，振士林。荊公遣妾意特深。認玉釵，珊瑚沁。黃金臺，翡翠林。兩世姻緣，賞奇協音。」

賞奇協音一句，也可說明喬吉曲詞造詣，究竟在哪一方面。

拿喬吉跟鄭光祖比較，雖然兩人都以曲詞工麗見長，但是鄭氏的美，偏於陰柔的方面，所以有時顯得滯弱。喬吉的曲詞，有時不純作小女兒態，像揚州夢中杜牧的唱詞，雖不如關劇的雄壯，但也相當灑脫豪放，這是鄭、喬兩個元劇後期作家不同的地方。

喬吉等清麗派作家，在明代文人的心目中，地位是要比早期的作家還要來得高的。如明代在正德到萬曆年間所編的曲選，所選錄的元人雜劇，大多是後期的作品。可見其時明人所欣賞的，大多偏於曲詞的清麗。戲劇本是舞臺的活動，當它在舞臺上的活動停止，而徒供案首之時，曲詞之清麗，富於文學氣味與否，自然就成了一般文人所取捨的標準。後期清麗派的雜劇，在明人心目中，有較重要的地位，其故在此。不過，喬吉的雜劇，其曲文不僅清麗秀綺，同樣地也極有氣骨，這一點，明代以後的曲家，在學喬吉的作品時，往往是只學到他的表面。因此，清麗相似，氣骨不同。好似一個只靠化粧品來維持美麗的婦女，與喬吉作品的麗質天生，就不可同日而語了。

註一　大陸雜誌特刊第一輯。本文也收入景午叢編。

註二　參閱本章第一節喬吉的生平二生活軼事。

註三　曲詞見本章第三節喬吉的散曲十描寫與歌妓楚儀戀情的作品。

第三節　喬吉的散曲

喬吉的散曲，錄鬼簿說有天風環珮、撫掌二集，但未見流傳，亦不知是否爲散曲集。又說有題西湖梧葉兒百篇，也不見傳。清錢大昕補元史藝文志著錄喬吉惺惺老人樂府一卷。任訥曲諧云：「錄鬼簿記夢符號笙鶴翁，又號惺惺道人，錢氏藝文志乃有惺惺老人樂府一卷，歷代詩餘等書中『老人』作『道人』，其爲一卷則同也。此一卷當是喬曲最古之本，無從得見。」明李開先輯喬吉小令，爲惺惺道人樂府一卷，有李氏原刻本，有清厲鶚翻刻本。任訥據天一閣舊藏樂府羣玉錄出惺惺道人樂府一卷，據善本書室藏宋元明人詞錄出文湖州集詞一卷，又據小令及諸選本所別見者錄出摭遺一卷，共存小令二百一十三首（梁乙眞「元明散曲小史謂複見者十七首），套數十套。隋樹森全元散曲輯得小令二百零九首，套數十一套。除張可久外，喬吉是元代留存散曲最富的作家。

喬吉散曲的風格，太和正音譜評云：「如神鰲鼓浪，若天吳跨神鰲，噀沫於大洋，波濤洶涌，截斷衆流之勢。」李開先云：「此特言其『雄健』而已，要之，未盡也。以予論之，蘊藉包含，風流調笑。種種出奇，而不失之怪；多多益善，而不失之繁；句句用俗，而不失其爲文。自可謂與之傳神。夢符復生，當必首肯。」厲鶚云：「僕尤好其小令，洒落俊生，如遇翁之風韻於紅牙錦瑟間爾云。」（均見清姚燮今樂考證引）任訥曲諧云：「…余謂：蘊藉八字確，出奇不怪亦確，多而不繁是陪襯語，句句用俗不盡確。樊榭（厲鶚）謂：『尤好其小令，洒落俊生，如遇翁之風韻於紅牙錦瑟間。』是乃體會語也。」梁乙眞也評說：「涵虛子評他的曲如……，此但賞其雄健，要未能盡喬曲之勝。李開先評他……此語則有幾分似處。『蘊藉包含，風流調笑』，卽小山之『騷雅』，至『句句用俗』，便是喬曲獨具的風趣了。」（元明散曲小史第三章）以上諸家都對喬曲有很好的評價，而且都指出他的特點。鄭振鐸評說：「他的作風，頗有人稱之爲『奇俊』的，其實較小山放肆得多，濃艷得多了。」（插圖本中國文學史第四十九章）劉大杰也說：「他與張可久爲元代後期散曲的雙璧。他雖是山西人，因僑任杭州，在作品上，無形中感染着南方文學柔美的彩色。」（中國文學發展史第二十二章）可見喬吉在元代曲壇地位甚高，可與張可久比美。淸劉熙載藝概云：「元張小山喬夢符，爲曲家翹楚。李中麓（開先）謂猶唐之李杜。」明淸時人已經把他和張可久並稱了。

現在我們來評析一下喬吉的散曲。

一、自述的作品

喬吉有三首標題自述或自敍的作品，另外還有幾首雖沒標題自述，但也很明顯是寫他自己的生活或行徑的，我們由這些作品，可以了解喬吉的一些生活狀況。

「不占龍頭選，不入名賢傳。時時酒聖，處處詩禪。烟霞狀元，江湖醉仙。笑談便是編修院，留連，批風切月四十年。」（正宮綠么遍自述）

這首曲道出他浪跡江湖四十年的生活狀況，他做「酒聖」，做「詩禪」，做「烟霞狀元」，做「江湖醉仙」，看來像是蕭灑放逸，實在他也很落魄。這首曲講「批風切月四十年」，可能是晚年的作品，等於是他的一個小傳。

「華陽巾鶴氅蹁躚，鐵笛吹雲，竹杖撐天。伴柳怪花妖，麟祥鳳瑞，酒聖詩禪。不應舉江湖狀元，不思凡風月神仙。斷簡殘編，翰墨雲烟，香滿山川。」（雙調折桂令自述）

這首曲說他是伴「柳怪花妖，麟祥鳳瑞，酒聖詩禪」，也同樣說他是「江湖狀元」、「風月神仙」，和前一首所表現的完全一致。語氣也很豪放灑脫，他已是看透了人生，參透了塵俗的道理，所以胸襟也自然豁達。

「斗牛邊纜住仙槎，酒甕詩瓢，小隱烟霞。厭行李程途，虛花世態，潦草生涯。酒腸渴柳陰中揀雲頭剖瓜，詩句香梅梢上掃雪片烹茶。萬事從他，雖是無田，勝似無家。」（雙調折桂令自敍）

這首曲中，表明他已厭倦了「行李程途，虛花世態，潦草生涯」，他想過那種無拘無束的清幽的詩酒生涯，雖然沒有田畝，也總比到處飄泊爲好，這也是他要過棲隱生活的意願。這首曲寫的也很清逸蕭灑。

「離家一月，閑居客舍，孟嘗君不費黃虀社。世情別，故交絕，牀頭金盡誰行借。今日又逢冬至節，酒，何處賒；梅，何處折。」（中呂山坡羊冬日寫懷一）

這首曲寫出他窮困落魄的一面，在冬至時節，困居客旅，牀頭金盡，連買酒錢都沒有，人情薄，故交絕，告借無門，眞是困窘已極。這首曲一面寫出作者窮苦的景象，一面道出他對人情冷暖的感慨。曲中頗有淒涼情味。

「清風閑坐，白雲高臥，面皮不受時人唾。樂跎跎，笑呵呵，看別人搭套項推沉磨。蓋下一枚安樂窩，東，也在我；西，也在我。」（山坡羊自警）

這首自警的曲，作者看清了世俗，不願落之項套去推磨，只希望「清風閑坐，白雲高臥」，東西任其在我，這也表明了他的生活態度，曲中頗有警策意味。

「糚呆糚休，糚聾糚啞，人生一世剛圖甚。句閑吟，酒頻斟，白雲夢繞青山枕。着遍洛陽花似錦，榮，也在恁；枯，也在恁。」（山坡羊失題二）

這首曲也是作者對人生塵世的一些徹悟，他已看遍榮枯，再也不去關心，只求「句閑吟，酒頻斟」，過那種詩酒自得的生活。這首曲也是作者表明對人生的領悟，和他對生活所抱的態度。

二、歌詠隱逸生活的作品

喬吉有許多作品是歌詠隱逸和閒適生活的，有的寫田園生活，有的寫漁樵生活，更有的寫幽居生活的閒情逸趣，文辭都很清麗，境界都很閒適雅淡。

「山間林下，有草舍蓬窗幽雅。蒼松翠竹堪圖畫，近烟村三四家。飄飄好夢隨落花，紛紛世味如嚼蠟。一任他蒼頭皓髮，莫徒勞心猿意馬。自種瓜，自採茶，爐內鍊丹砂。看一卷道德經，講一會漁樵話。閉上槿樹籬，醉臥在葫蘆架，儘清閑自在煞。」（南呂玉交枝閑適二曲之一）

這首描寫閒適生活的清幽自在，正是作者所嚮往的。住在那種清靜幽雅的村野裏，忘卻世俗的煩擾，種瓜採茶，讀經鍊砂，醉臥閑話，該是多麼悠閑自得，這首曲文辭清麗，讀了給人一種安閑雅適的感覺。

「鍊秋霞汞鼎，煮晴雪茶鐺，落花流水護茅亭，似春風武陵。喚樵青椰瓢傾雲淺松醪剩，倚圍屏洞仙酣露冷石牀淨，掛枯籐野猿啼月淡紙窗明，老先生睡醒。」（正宮醉太平樂閒）

這首描寫隱士的生活，更是清幽高雅，簡直就是居住在世外的仙境，眞所謂不食人間煙火，文辭也很雅麗。

「新蟬風斷子絃琴，古鴨烟消午篆沈，孤鶴夢覺三山枕。翠濛濛窗戶陰，煮茶芽旋撮黃金。俗事天來大，紅塵海樣深，都不到一片雲心。」（雙調水仙子瑞安東安寺夏日清思）

這首曲可以看出作者在夏日裏住在東安寺，過着隱棲的清幽閒逸生活，是多麼自在。在那種超塵離世的淨地裏，一切紅塵俗事，都不到心地來，該是多麼寫意。這首曲文辭仍很清麗，風格則閒適。

「避豪傑，隱巖穴，煮茶香掃梅梢雪。中酒酣迷紙帳蝶。枕書睡足松窗月，一燈蝸舍。」（雙調錢絲泫）

這首也是描寫隱逸生活的作品，煮茶、酣酒、睡足，也是非常閒適優雅的生活情調，雖是一燈蝸舍，但卻令人悠然自得。

「黃花開數朵，翠竹栽些箇。農桑事上熟，名利場中捋。禾黍小莊科，籬落棱鷄鵝。五畝清閑地，一枚安樂窩。行呵，官大憂愁大；藏呵，田多差役多。」（雙調雁兒落過得勝令）

這首曲也是表明要在禾黍小莊，耕種五畝田地，過着農桑的生活，既不求貴，也不要富。這首曲也是風格閒適，文辭清麗。

「柳穿魚旋煮，柴換酒新沽，鬬牛兒乘興老樵漁。論閑言傖語，燥頭顱束雲擔雪躭辛苦。坐蒲團攀風詠月窮活路，按葫蘆談天說地醉模糊，入江山畫圖。」（正宮醉太平漁樵閑話）

這首描寫漁樵的生活，也是要跳脫塵世煩惱，追求自在閒逸，風格也是放逸的。

三、感歎世俗的作品

喬吉有些曲是對世俗的貪涎，人情的冷暖，富貴之陷人等，有警策性的揭露和感歎。

「鵬搏九萬，腰纏十萬，揚州鶴背騎來慣。事間關，景闌珊，黃金不富英雄漢。一片世情天地間，白，也是眼；青，也是眼。」（中呂山坡羊寓興）

這首曲作者表現出豪邁的胸襟，但也感歎天地間的世情，得勢者遭青眼，失意者遭白眼，人情就是如此的澆薄。作者寄以很深的感歎。這首曲羅錦堂舉爲豪邁之例，評其「疏朗流宕，意氣蒼莽。」（中國散曲史第二章）這首曲風格該是豪邁的，文字也非常朗暢。

「身離丹鳳闕，夢入黃鷄社。桔槔地面寬，傀儡排場熱。名利酒吞蛇，富貴夢迷蝶。蟻陣攻

坡破，蜂衙報日斜。豪傑，幾度花開謝。癡呆，三分春去也。」（雙調雁兒落過得勝令）

這首曲作者表明了自己的省悟，同時也感歎世人的癡呆，名利富貴都是虛空的，但是偏偏那麼多人去爭競奔求。豪傑想要建立功名勳業，但是歲月是不待人的，轉眼青春已迎，豈不是徒嘆蹉跎。這首曲風格也是豪邁的，警策意味很深。

「雲濃雲淡，窗明窗暗，等閑休擘驪龍頷。正尷尬，莫貪婪，惡風波喫閃的都着濫。流則盈科止則坎，行，也在俺；藏，也在俺。」（中呂山坡羊失題一）

這首曲也是警勸世人不要貪求，要注意自己的行藏，要知道盈止的道理。對人生徹悟頗深，寄寓着一種樸茂的哲理。文辭則較樸質。

四、感懷人生的作品

喬吉有些曲是抒發自己的感懷的，有的感歎人生，有的感歎逆旅孤悽，有的感歎窮困潦倒，這些曲都有一種蒼涼悲楚的意味。

「風風雨雨梨花，窄索簾櫳，巧小窗紗。甚情緒燈前，客懷枕畔，心事天涯。三千丈清愁鬢髮，五十年春夢繁華。驀見人家，楊柳分烟，扶上簷牙。」（雙調折桂令客窗清明）

清明時節，客寓異鄉，感懷半生的生活，如一場春夢，一切心事襲上心頭，幾許清愁纏繞不去，這是作者五十歲時的作品，感傷頗深，格調悽楚。末尾三句，看着「楊柳分烟，扶上簷牙」

表現出一片蒼茫淒迷之情，結語甚妙。

「誰家練杵動秋庭，那岸窗紗閃夜燈。異鄉絲鬢明朝鏡，又多添幾處星。露華零梧葉無聲。金谷園中夢，玉門關外情，涼月三更。」（雙調水仙子若川秋夕聞砧）

這首曲也是寫異鄉流落時的感傷，在那樣寂靜的秋夜，想起半生的流浪生涯，歲月不待人，如今鬢髮星星添白，好不淒楚。這首曲風格是淒婉的。

「客懷寥落雨聲中，春事商量花信風。燭光搖蕩江南夢，寸心灰雙淚紅。和更籌滴損銅龍，酒醒紗窗靜，詩慳錦囊空，催老仙翁。」（雙調水仙子兩窗即事）

這首曲寫雨天客居的淒苦感傷，文詞很清麗，但卻有淒苦的意味。

「昔年歌舞醉嬌春，今日衣冠逐後塵。歸舟欲向南湖問，恐沙鷗也傲人。榆錢兒不救詩貧，眇小了花風信，闌珊了蝶夢魂，冷笑東君。」（雙調水仙子客中春晚）

這首曲文辭很工麗，卻寄以感喟，有一種婉轉的哀愁，表示他的貧困不得意。

「喚回春夢一雙蝶，忙煞黃塵兩隻靴。三十年幾度花開謝，熬煎成頭上雪。海漫漫誰是龍蛇，魯子敬能施惠，周公瑾會打鬨，千古豪傑。」（雙調水仙子夢覺）

這首曲是他對人生的覺悟，黃塵中奔競了三十年，熬煎成一頭白髮，簡直像是一場春夢。末尾幾句，是對世情的慨歎，什麼豪傑，龍蛇，到頭來都是一樣的。

五、描寫景物的作品

喬吉散曲中寫景之作很多，而且很多都是佳作。

「土牛泥軟潤滋滋，香寫宜春字。散作芳塵滿街市，灑吟髭。老天也管閑公事，春風告示，梅花資次，攢到北邊枝。」（越調小桃紅立春遣興）

這首曲寫出立春時節的天氣和景象，活潑而富有生意。

「瘦馬馱詩天一涯，倦鳥呼愁村數家。撲頭飛柳花，與人添鬢華。」（越調凭闌人金陵道中）

這首曲一面描寫金陵道上的風光，一面寫出自己行走旅途的勞倦情況，有些感傷的意味。

「幹瓣出蒼松翠竹，界畫成寶殿珠樓。明玉船，描金柳，碧玲瓏鳳凰山後。一牙晴雪色秋，白羅襯丹青扇頭。」（雙調沉醉東風泛湖寫景）

這首曲寫湖上的景色，非常富麗，文辭也很秀美。

「問荆溪溪上人家，爲甚人家，不種梅花。老樹支門，苦竹籬笆。寺無僧狐狸樣瓦，官無事鳥鼠當衙。白水黃沙，倚遍闌干，數盡啼鴉。」（雙調折桂令荆溪卽事）

這首曲描繪出荆溪的荒涼寂寥景象，一幅敗殘的荒墟畫圖，呈現在眼前。文字樸質，格調蒼涼。

「冬前冬後幾村莊，溪北溪南兩履霜，樹頭樹底孤山上。冷風來何處香，忽相逢縞袂綃裳。酒醒寒驚夢，笛淒春斷腸，淡月昏黃」。（雙調水仙子尋梅）

這首曲寫出冬日村野的風光，到處是霜雪，冷風吹來冷香，寫出梅花的清幽。末尾三句，又襯托出一種淒涼的景象。這首曲羅錦堂舉爲文雅之例（見中國散曲史第二章），文辭是很工麗的。

「風吹絲雨噀窗紗，苔和酥泥葬落花，捲雲鉤月簾初掛。玉釵香徑滑，燕藏春銜向誰家。鶯老羞尋伴，蜂寒懶報衙，啼煞饑鴉。」（雙調水仙子暮春即事）

這首曲前半寫春日的景色，都有季節性的特色，像風吹絲雨，苔和泥葬落花。末尾寫春寒抖峭，蜂鳥活動的情況，別有情趣。文辭也很工麗。

「海雲衣溼鵁鶄寒，窗雨絲收絡緯閑，邊風信動征鴻限。稻粱秋有甚慳，儘尊前楚水吳山。坐金色三千界，倚天香十二闌，不是人間。」（雙調水仙子中秋後一日山亭賞桂花時雨稍晴）

這首寫秋日山亭雨後的情景，非常明麗，眞有些超出人間的感覺。

「渺渺山頭落，鱗鱗山上田。繞篷窗六曲屏風面。似丹青輞川，是神仙洞天。隔雲樹人烟，試看玉溪邊，恐有桃花片。」（雙調慶東原青田九樓山舟中作）

這首寫景的曲，也是清爽明麗，眞像一幅美麗的圖畫。

古）

六、描寫名勝古蹟的作品

喬吉有很多描寫名勝古蹟的作品，曲中多有感發，格調蒼涼，寓意深遠，足以發人深思。

「蓬萊老樹蒼雲，禾黍高低，狐兎紛紜。半折殘碑，空餘故址，總是黃塵。東晉亡也難尋箇右軍，西施去也絕不見甚佳人。海氣長昏，啼鴂聲乾，天地無春。」（雙調折桂令丙子遊越懷古）

這首曲既寫出古蹟的荒涼，又發思古之幽情，「總是黃塵」，寫出滄海桑田的變化，過去的盛業和歷史上的人物，都已成爲陳跡。末尾三句，寫出那種悲涼的景象和氣氛，更是古樸蒼涼。這首曲筆力雄健之極。

「半天風雨如秋，怪石於菟，老樹鈎婁。苔綉禪階，塵粘詩壁，雲溼經樓。琴調冷聲閑虎丘，劍光寒影動龍湫。醉眼悠悠，千古恩讎。浪捲胥魂，山鎖吳愁。」（折桂令風雨登虎丘）

這首寫風雨之中的虎丘，也是古樸岑寂，一片暗淡景色。末尾講到吳國和伍子胥的事，也是悲悽的。這首曲風格仍是古樸蒼涼的。

「江南倦客登臨，多少豪雄，幾許消沉。今日何堪，買田陽羨，掛劍長林。霞縷爛誰家晝錦，月鈎橫故國丹心。窗影燈深，燐火青青，山鬼喑喑。」（折桂令毘陵晚眺）

這首曲主要在感發上，多少豪雄，幾許消沉，是對別人的感嘆，也是自己的哀訴。末尾三句，寫出悽迷的景色，就好像人生的迷茫一樣，有很深的寄寓。這首曲文辭很工整。

「笙歌夢斷蒺藜沙，羅綺香餘野菜花，亂雲老樹夕陽下。燕休尋王謝家，恨興亡怒煞些鳴蛙。鋪錦池埋荒甃，流杯亭堆破瓦，何處也繁華。」（雙調水仙子遊越福王府）

過去的笙歌，早已夢斷，過去的羅綺，早已不見，殘存的祇是一片蒺藜沙，一片野菜花，昔日繁華的王府，如今已是蕭條廢墟，這種興亡的變化，令人深深地感嘆。這首曲正是寫出了興亡的對比，而寄以深刻的感傷。

「拍闌干，霧花吹鬢海風寒，浩歌驚得浮雲散。細數青山，指蓬萊一望間。紗巾岸，鶴背騎來慣。擧頭長嘯，直上天壇。」（雙調殿前歡登江山第一樓）

這首曲寫得非常豪放，氣勢雄渾，豪氣干雲，放逸之極。

七、歌詠事物的作品

喬吉的詠物之作很多，歌詠的事物極其瑣屑，像女子的飾物，日常用品，花草以及身邊常用的小物事，寫的極爲細緻精巧。

「玉掌溫，瓊枝嫩，閑弄閑拈暗生春，爲纖柔長惹風流恨。掠翠鬢，整鬢雲，可喜損。」（南呂四塊玉詠手二）

這首曲描繪女子的纖纖玉手，寫出女子的手日常所做的細緻美巧的動作，眞是細膩溫香，非常艷惹。

「氷藍袖捲翠紋紗，春筍纖舒紅玉甲，水晶寒濃染胭脂蠟。剖吳橙喫喜煞，錦魚鱗冷漬硃砂。數歸期闌干上畫，印開元宮額上掐，托香腮似幾瓣桃花。」（雙調水仙子紅指甲贈孫蓮哥時客吳江）

這首曲不但描摹了紅指甲的外貌，更寫它的功用，描繪的也是細膩溫香，非常嬌艷。

「小鬟新樣鬪奇絕，學綰同心結。翠織香穿逞嬌劣，巧堆疊。錦筐露溼瓊梳月，盛春倦也。和雲低遏，忙煞夢中蝶。」（越調小桃紅花籃髻）

任訥曲諧卷一有云：「此外尚有花籃髻與花箒兒，亦元人慣爲題詠之物。花籃髻是女子髻盤如籃，而又揷花滿之也。」喬氏這首曲描摹女子的頭飾，非常纖巧美艷。

「幷刀剪龍鬚爲寸，玉絲穿龜背成文。襟袖清涼不沾塵。汗香晴帶雨，肩瘦冷搜雲。是玲瓏剔透人。」（中呂紅綉鞋竹衫兒）

這首曲不但寫出竹衫兒的製作，也寫出它的功用，表現的非常婉艷。吳梅稱這首曲和詠香茶等「諸作秀麗，無愧大家。」（中國戲曲槪論）稱讚的很恰當。

「細研片腦梅花粉，新剝珍珠荳蔻仁，依芳修合鳳團春。醉魂清爽，舌尖香嫩，這孩兒那些風韻。」（中呂賣花聲香茶）

這首曲開頭三句描寫香茶合製的經過，末三句寫出它的淸香的效用，文辭秀麗，描繪巧豔。

「一聲誰剪楚江雲，秋色輕羅襯。休寫班姬六宮恨，淚成痕。半枝汗溼香生暈。蒲葵策勳，桃花生韻，涼滲小鳥巾。」（越調小桃紅扇兒）

這首描寫扇兒的曲，寫出它的功用以外，又用班昭的悽怨故事點綴，文辭也是很秀美。

「海棠花影月明前，約那人相見，掩雨遮雲忒方便。最堪憐，階前堆垜從踏踐。央及楊翁，急差軍健，運入麗春園。」（小桃紅僧房以太湖石支足）

這首曲寫僧房的石支足，從那些夜晚幽會人方便上來寫，非常艷惹。說到被踏踐，又覺可憐，末尾說快運進麗春園，也是很艷惹的。這首曲着筆甚巧，文辭亦麗。

「玉絲寒皺雪紗囊，金剪裁成冰筍涼。梅魂不許春搖蕩，和清愁一處裝。芳心偸付檀郎，懷兒裏放，枕袋裏藏，夢繞龍香。」（雙調水仙子楚儀贈香囊賦以報之）

這首曲不但寫出香囊的珍貴和妙用，更寫出男女間的情意。任訥曲諧云：「夢符于詠物題贈，都一味鮮艷，是其騁才顯處。自來人人賞識者，詠物應無過于水仙子楚儀所贈香囊。」梁乙眞以爲末四句是「風流調笑之作，而字句灑落雋永，信多妙趣。」（元明散曲小史第三章）可見這首曲是很受稱讚的。

「冷無香柳絮撲將來，凍成片梨花拂不開。大灰泥漫了三千界，銀稜了東大海。探梅的心噤難捱，麪甕兒裏袁安舍，鹽堆兒裏黨尉宅，粉缸兒裏舞榭歌臺。」（水仙子詠雪）

任訥曲諧云：「灰泥、銀粉、鹽、麪等皆不奇，奇在漫與稜，甕與缸罐之屬耳。元曲于極熟之題，亦務必求新，取材不能新，則說法務求新，若一味拾得牙慧，有所不屑；此曲之所以爲曲歟！」這首曲的確是奇而不失本色。

「一枝丹桂倚西風，扇影天香動。醉裏清虛廣寒夢，月明中。紫金粟鍊硃砂汞，綠衣襯榜，黃麻供奉，不似狀元紅。」（越調小桃紅桂花）

這香曲寫出桂花的清麗和香幽，完全顯現出它的特點，文辭也非常清麗。

八、歌詠人物的作品

喬吉詠人之作相當多，大部分是題贈歌妓的，寫的都非常艷麗。

「紺雲分翠攏香絲，玉線界宮鴉翅。露冷薔薇曉初試，淡勻脂，金篦膩點蘭烟紙。含嬌意思，殢人須是，親手畫眉兒。」（越調小桃紅曉妝）

任訥曲諧評這首曲說：「所謂『蘊藉包含，風流調笑』者，余謂集中莫過于小桃紅曉妝，……自攏髮至於插花，種種皆自爲之，而畫眉一事，必留以殢人親手，信得美人嬌韻無限，曉粧之詠，曲中難以過此。」梁乙眞也以爲是「蘊藉」之作，並說和歐陽修「走來窗下笑相扶，愛道畫眉深淺入時無？」有異曲同工之妙（見元明散曲小史第三章）。這首曲以蘊藉著稱，富有嬌美的情韻，是很受稱讚的。

「鬱金香染海棠絲，雲膩宮鴉翅。翠靨眉兒畫心字，喜孜孜，司空休作尋常事。樽前但得，

身邊扶持，誰敢想那些兒。」(小桃紅贈朱阿嬌)

任訥曲諧評此曲說：「此固屬風流調笑，而亦何嘗不灑落俊生耶？小山並不道學，但多高趣，此等調笑語則少見。喬張之品，亦于此微判。特在曲體，喬並不爲害，且反較當行矣。」這首曲也同樣是嬌豔，不過有一種調笑的口氣，風趣之極。

「白蘋吹練洗閑愁，粉絮成衣怯素秋。高情不管青山瘦，伴潯陽一派流，寄相思日暮東洲，有意能收放，無心儘去留，梨花夢湘水悠悠。」(雙調水仙子贈江雲)

這首曲中把歌妓名「江雲」套入描寫，不但詞意婉轉，情意亦眞。任訥曲諧說「夢符詠物題贈，都一味鮮豔，是其騁才顯處。……題贈應無過于前調贈江雲。」對這首曲也極力稱讚。

「崔嶶休寫丹青，雨弱雲嬌，水秀山明。箸點歌唇，葱枝纖手，好箇卿卿。水灑不著春粧整整，風吹的倒玉立亭亭。淺醉微醒，誰伴雲屏。今夜新涼，臥看雙星。」(雙調折桂令七夕贈歌者)

這首曲樂府羣玉題作「茗溪七夕飲會贈崔卿李總管索賦」，樂府羣珠作「秀卿」，餘同。這首曲不但寫出歌妓的玉容嬌姿，也寫出她的明潔氣質。任訥曲諧稱讚「水灑不着……」兩句，是「奇麗兼至」，這兩句的確是非常美巧。

「錦幢羅蓋水晶宮，一曲菱歌動。太液雲香露華瑩，醉芙蓉。鴛鴦不識凌波夢，秋房怨空。藕絲情重，粉瘦怯西風。」(越調小桃紅贈郭蓮兒)

這首曲也是以妓名「蓮兒」來描寫，先寫姿容的高潔華麗，再寫情意的深婉，文辭非常華美。

「瓠犀微露玉參差，偏稱烏金漬。斜抵春纖記前事，試尋思。風流漫惹閑唇齒，含宮泛徵、咬文嚼字，誰敢嗑牙兒。」（小桃紅贈劉牙兒）

這首曲也是專圍繞着妓名「牙兒」來寫，寫出歌妓的各種嬌態和神氣，文字可說是通俗，內容卻又是「風流調笑」。

「破花顏粉窩兒深更小，助喜洽添容貌。生成臉上嬌，點出腮邊俏。休著翠鈿遮罩了。」（雙調清江引笑靨兒（二））

這首專寫女子的「笑靨」，也是姿態萬千，嬌美之極。

九、描寫閨思離情的作品

喬吉寫女子閨中相思愁怨的作品也很多，有的寫的哀感頑豔，非常感人。

「怎生寬掩了裙兒，爲玉削肌膚，香褪腰肢。飯不沾匙，睡如翻餅，氣若遊絲。得受用遮莫害死，果誠實有甚推辭。乾鬧了若干時，草本兒歡娛，書徹貨兒相思。」（雙調折桂令寄遠）

這首曲寫出相思的痛苦，也寫出情意的深摯，但文句卻是非常通俗。梁乙眞以是爲「出奇而不失於怪，用俗而不失爲文」，「又本色又奇麗的句子，確爲夢符所獨擅」，所論甚是。

「黑海春愁渾無處躲，嫩香膩玉漸消磨。瘦呵也不似今春箇，無奈何。自畫雙蛾，添得越愁多。」（雙調春閨怨三）

任訥曲諧以這首是「奇在麗采」，謂「起二句何其蒼莽驚人，豈慣常語可擬嗎？」這首寫閨愁相思的曲，的確是奇麗之極。

「紅粘綠惹泥風流，雨念雲思何日休。玉憔花悴今番瘦，擔着天來大一擔愁，說相思難撥回頭。夜月鷄兒巷，春風燕子樓，一日三秋。」（雙調水仙子憶情）

這首曲寫相思之情非常豔麗，非常深摯。

「玉減梅花瘦，翠顰粧鏡羞，雨念雲思何日休。休，休登江上樓。紅鸞袖，淚痕都是愁。」（南呂閱金經閨情）

這首寫閨中女子相思愁苦的情狀，非常悽婉，文辭則很工麗。

「千山落葉巖巖瘦，百尺危闌寸寸愁。有人獨倚晚粧樓，樓外柳，眉暗不禁秋。」（中呂喜春來秋望）

這首曲表現出閨中女子深婉的愁思，表現的非常委婉，文辭也很清麗。末尾一句更是婉麗而含蓄。

「一從鞍馬西東，幾番衾枕朦朧。薄倖雖來夢中。事如無夢，那時眞箇相逢。」（越調天淨沙）

這首曲描寫別後的相思非常深切，尤其末尾兩句，更能表現期盼切念之情。文辭非常通俗。

「相思瘦因人間阻，只隔牆兒住。筆尖和露珠，花瓣題詩句，倩銜泥燕兒將過去。」（雙調清江引有感）

這首曲寫思念的心情和想要傳達情意的情況，都很特別，表現得天眞而又純摯。

「薄命兒心腸較軟，道聲去也淚漣漣。這些時攢下春閨怨，離恨天。幾度前，羞見月兒圓。」（雙調春閨怨四）

這首曲寫女子的心腸厚實，情感眞摯，表現出一種天眞純樸的性格。末尾幾句，描寫離愁，也很深刻。

十、描寫與歌妓楚儀戀情的作品

喬吉有幾首曲是寫他和楚儀之間的戀情的，有的寫歡愛，有的寫離情，也有嘲謔的，也有譏諷的，由這些曲我們可以看出作者和這位歌妓之間感情的糾葛。

「洗粧明雪色芙蓉，默默情懷，楚楚儀容。甚煙雨江頭，移恨何在，桃李場中。儘劣燕嬌鶯冗冗，笑落花飛絮濛濛。湘水西東，悵望搴衣，玉立秋風。」（雙調折桂令賈侯席上贈李楚儀）

這首曲盛讚楚儀的姿容和情懷，同時說其他那些劣燕嬌鶯都是平冗的，只有她是玉立秋風，可見作者對她是特別欣賞，情有獨鍾。

「順毛兒撲撒翠鸞雛，暖水兒溫存比目魚，碎磚兒壘就陽臺路。望朝雲思暮雨，楚巫娥偷取些工夫。殢酒人歸未，停歌月上初，今夜何如。」（雙調水仙子嘲楚儀）

這首曲雖說是嘲戲之詞，但也可見兩人交情之深，才會有這樣的戲耍。這首曲的前三句，任訥曲諧評為「奇麗兼至，所不經見者」，文辭的確是奇特，但也很艷麗。

「一樽別酒斷腸詞，難說心間事，行李匆匆怎酬志。自尋思，從今別卻文章士。至如小子，十分不是，好處也想些兒。」（越調小桃紅別楚儀）

這首曲寫出別離的痛苦，同時也表現了作者對楚儀的深情，末尾幾句更是哀婉動人，可見他是很追戀他們過去的情感的。

「鴛鴦一世不知愁，何事年來盡白頭。芙蓉水冷胭脂瘦，占西塘曉鏡秋，菱花漫替人羞。擎架着十分病，包籠着百倍憂，老死也風流。」（水仙子席上賦李楚儀歌以酒送維揚賈侯）

這首曲照趙景深的看法，他以為賈侯奪去喬吉所愛的楚儀，喬吉做這首曲表面是送賈侯，實際是罵他老不知羞。「鴛鴦一世不知愁，何事年來盡白頭，……老死也風流」的骨子裏的意思是：「你這樣年老，還是放手吧，不要占盡玉堂春了。」（參見趙景深「喬吉與李楚儀」一文）。由此可見，喬吉對楚儀是戀慕不捨的。

「文章杜牧風流，照夜花燈，載月蘭舟。老我江湖，少年談笑，薄倖名留。贈楊柳人初病酒，采芙蓉客已驚秋。醉夢悠悠，雁到南樓，寄點新愁。」（折桂令會州判文從周自維揚來道楚

儀李氏意）

楚儀去揚州之後，仍對喬吉不能忘情，所以託人致意，而喬吉這首曲，「醉夢悠悠……寄點新愁」，可見他也還是思念很深的。

「碧梧月冷鳳凰枝，空守風流志，楚雨湘雲總心事。許多時，口兒裏不道箇胡倫字。慇勤謝伊，雖無傳示，來探了兩遭兒。」（小桃紅楚儀來因戲贈之）

楚儀別去後，曾兩度來探望喬吉，這首曲就是第二度來探他時戲贈給楚儀的，曲中自言「空守風流志」，可見作者對楚儀用情很深，而怨懟也很深。

另有「雙調仙子楚儀贈香囊賦以報之」一首，在詠物一類中已介紹，今不重複。

十一、描寫宴樂的作品

喬吉有十來首描寫宴飲聚會的作品，有的寫得豪情奔放，非常精彩。

「秋聲一片蘆花，正落日山川，過雨人家。羨歌舞風流，太平時世，詩酒生涯。待楊柳晴春風躍馬，且桂華涼夜月乘槎。一曲吳娃，笑煞江州，淚滿琵琶。」（雙調折桂令秋日湖山偕白子瑞輩燕集賦以俾歌者赴拍侑樽）

這首曲寫那種太平時的詩酒生涯，寫春日的躍馬郊遊，寫秋夜的乘槎泛湖，聲歌歡飲，眞是逍遙之極。這首曲羅錦堂歸屬「豪邁」之例（見中國散曲史第二章），梁乙眞評說：「疏朗流宕，意氣蒼莽」（見元明散曲小史第三章）。評論的非常洽當。

「疎簾外暮雨西山，喚起詩仙，共倚闌干。杯影涵秋，歌聲送晚，鬢脚生寒。添風韻春纖象板，減恩情羅扇龍檀。紅藕花殘，茉莉雙鬟。油壁吹香，催上歸鞍。」（折桂令秋日與高敬臣胡善甫輩飲湖樓即事）

這首曲寫那些詩友歡宴，杯影涵秋，歌聲送晚，清揚之極。春纖象板可以添風韻，羅扇龍檀又要減恩情，眞是風流瀟灑。這首曲寫的非常雅麗。

「三月三天霽吹晴，見麟鳳滄洲，鴛鷺沙汀。華鼓清簫，紅雲蘭棹，青紵旗亭。細看來春風世情，都分在流水歌聲。劣燕嬌鶯，冷笑詩仙，擊楫揚舲。」（折桂令上巳遊嘉禾南湖歌者爲豪奪扣舷自歌鄰舟皆笑）

由題目可知其豪情，沒有歌者，自己扣舷高歌，眞是豪興不淺。這首曲寫出一片繁華熱鬧景象，曲文也是富麗工整。

「碧雲窗戶推開，便敲竹催茶，掃葉供柴。如此風流，許多標致，無點塵埃。堆金粟西方世界，散天香夜月亭臺。酒令詩牌，爛醉高秋，宋玉多才。」（折桂令宴支園桂軒）

這倒是一次非常清雅的聚會，敲竹催茶，掃葉供柴，眞是雅興不淺。在那樣的一個幽靜的地方，來飲酒吟詩，該是多麼風流。

「桃花扇底窺春笑，楊柳簾前按舞嬌，海棠夢裏醉魂銷。香團嬌小，歌頭水調，斷腸也五陵

年少。」（雙調賣花聲太平吳氏樓會集）

有歌妓唱曲獻舞，有美人逞嬌獻媚，開懷暢飲，眞是寫意之極。這首曲文辭工麗，表現出豪華歡樂的氣氛。

「坦然對客高軒，爛醉梅邊，占得春先。簫阮鸞聲，琵琶鳳尾，寶鼎龍涎。金錯落三分酒淺，玉玲瓏一串珠圓。誰似尊前，談笑風流，富貴神仙。」（折桂令仲明同知坦然齋集蘇老琵琶吳國良簫歌者王玉蓮）

這首曲仍是寫出豪奢的宴聚景況，眞稱得上是「談笑風流，富貴神仙」，文辭也是非常工麗。

十二、嘲弄世人的作品

喬吉有幾首嘲弄人的作品，雖然看來是一時遣興的作品，但是也頗富箴貶性。

「豫章城錦片鳳凰交，臨川縣花枝翡翠巢。販茶船鐵板鴉靑鈔，問婆婆那件高，柴鏵鍬一下掘著。村馮魁沾的上，俏蘇卿隨順了，雙漸毦毦。」（雙調水仙子嘲人愛姬爲人所奪）

曲中嘲諷那些風塵女子完全是憑「價高的成交」，像馮魁茶商有鈔，俏蘇卿只好隨順了，而書生雙漸只有失意了。雖說是一種嘲弄戲耍口氣，但對世道人心卻有很深刻的諷刺。

「紙糊鍬輕吉列枉折尖，肉膘膠乾支刺有甚粘，醋葫蘆嘴古邦佯裝欠。接梢兒雖是諂，抱牛

腰只怕傷廉。性兒神羊也似善，口兒蜜鉢也似甜，火塊也似情忺。」（折桂令嘲少年）

這首曲是嘲諷少年留戀風塵女子，最終全盡被棄，受到了無情的傷害。作者指出那些人都是「性兒神羊也似善，口兒蜜鉢也似甜，火塊兒也似情忺」，那些虛假的情意，做作的甜笑，都是騙人的，稍不留神，就是惹火上身。這首曲警策意味頗深，文辭非常俚俗。

「眼中花怎得接連枝，眉上鎖新教配鑰匙，描筆兒勾銷了傷春事。悶葫蘆鉸斷線兒，錦鴛鴦別對了箇雄雌。野蜂兒難尋覓，蠍虎兒乾害死，蠶蛹兒畢罷了相思。」（雙調水仙子怨風情）

這首曲指出野草閑花沾上的風情，是自尋苦吃，「眼中花」是無法「接連枝」的，這種傷情眞是多餘。雖也是嘲戲口吻，但也有警策作用。

十三、描寫射獵的作品

「（南呂梁州第七）魚尾紅殘霞隱隱，鴨頭綠秋水涓涓，芙蓉燦爛搖波面。見沉浮鷗伴，來往魚船。平沙衰草，古木蒼烟。江鄉景堪愛憐，有丹青巧筆難傳。揉藍靛綠水溪頭，鋪膩粉白蘋岸邊，抹胭脂紅葉林前，將笠簷兒慢捲，迎頭，仰面，偷睛兒覷見碧天外雁行現。寫破祥雲一片箋，頭直上慢慢盤旋。

（一枝花）忙拈鵲畫弓，急取鵰翎箭。端直了燕尾鈚，搭上虎筋弦。秋月弓圓，箭發如飛電。覷高低無側偏，正中賓鴻，落在蒹葭不見。

（尾）轉過紫荆坡白草塚黃蘆堰，驚起些紅脚鴨金頭鵝錦背鴛，諕得這鸂鶒兒連忙向敗荷裏串。血模糊翅搧，撲剌剌可憐，十二枝梢翎向地皮上剪。」（射雁）

這套曲太平樂府注夢簡撰，北宮詞紀從之，雍熙樂府不注撰人。太平樂府作者姓氏表中並無夢簡其人，隋樹森以爲「簡」當係「符」字之譌，因之屬之喬吉（見全元散曲注）。

這套描寫射雁的曲，筆力雄健，氣勢蒼莽，文詞也非常爽麗。開頭梁州第七一調，描寫秋天郊野明爽的景色，像是一幅動人的圖畫，尤其色調方面渲染得非常鮮明，像「魚尾紅殘霞」、「鴨頭綠秋水」，是紅綠輝映；「芙蓉」和「鷗鳥」，是淡紅和白色相間；「綠水」「紅葉」和「白蘋」，是綠紅白相映；這樣的相互襯托，眞是畫面美極了。喬吉好像很喜歡把景物的顏色拿來比襯，再看尾聲中，「紫荆坡」、「白草塚」、「黃蘆岸」、「紅脚鴨」、「金頭鵝」和「錦背鴛」，不也是五彩交映，鮮麗得很嗎！

第二支曲一枝花中，作者描寫射獵的人，搭弓發箭，一擧中的，正射中了鴻雁，但末尾一句卻出其不意的，來了個「落在蒹葭不見」，這一方面寫出射獵的場所是水邊蒹葭叢生之地，一方面引出下文那番描寫。接着尾聲就寫到在蘆葦深處，爲了尋找那隻獵物，驚起了許多水鳥，這寫得既活潑又生動，最後才算找到那隻血模糊的可憐的雁，這種筆法可說是奇突轉折，非常美巧。

十四、題詠的作品

喬吉偶而有給別人的畫圖題詠的作品。

「渥洼秋淺水生寒，苜蓿霜輕草漸斑。鸞弧不射雙飛雁，臂韝鷹玉轡閒。醉醺醺來自樓蘭，狐帽西風袒。穹廬紅日晚，滿眼青山。」（雙調水仙子和化成甫番馬扇頭）

這首題扇頭的曲，寫出塞外朔野蒼茫的景象，和獵者馬上豪壯的姿態，表現的非常豪邁。

「萬樹枯林凍折，千山高鳥飛絕。兎徑迷，人踪滅。載梨雲小舟一葉，蓑笠漁翁耐冷的別，獨釣寒江暮雪。」（雙調沉醉東風題扇頭檃括古詩）

這首曲雖然檃括柳宗元的江雪詩，是一時興至之作，但是作者仍能把握，不但寫出那種高絕幽古的境界，同時文字也能保持澹遠閑雅的格調。

參考書目

輟耕錄　元　陶宗儀
青樓記　元　夏伯和
中原音韵作詞十法　元　周德清
錄鬼簿　元　鍾嗣成
錄鬼簿續編　明　賈仲明
曲律　明　王驥德
曲藻　明　王世貞
堯山堂外紀　明　蔣一葵
顧曲雜言　明　沈德符
曲論　明　何良俊
南詞敍錄　明　徐渭
雨村曲話　清　李調元
詞餘叢話　清　楊恩壽
劇說　清　焦循
藤花居士曲談　清　梁廷枏

蟫廬曲談　王季烈
宋元戲曲史　王國維
戲曲考原　王國維
古劇腳色考　王國維
錄曲餘談　王國維
曲錄　王國維
中國戲曲概論　吳梅
元劇研究　吳梅
曲學通論　吳梅
顧曲塵談　吳梅
中國近世戲曲史　青木正兒著　王吉廬譯
南北戲曲源流考　青木正兒著　江俠庵譯
元人雜劇序說　青木正兒著　隋樹森譯
詞曲研究　盧前
明清戲曲史　盧前

曲諧　任訥
散曲概論　任訥
詞曲史　王易
中國戲劇論　盧前
中國戲劇史　周貽白
中國戲劇史　孟瑤
元曲概論　賀昌羣
中國戲曲史　徐慕雲
元明清劇曲史　陳萬鼐
古劇說彙　馮沅君
中國詩史　馮沅君
戲劇叢談　華連圃
詞曲　蔣伯潛
孤本元明雜劇提要　王季烈
戲曲筆談　趙景深
元雜劇考　傅大興
現存元人雜劇本事考　羅錦堂

從詩到曲　鄭騫
景午叢編　鄭騫
關漢卿研究論文集成　梁沛錦編
元明散曲小史　梁乙眞
中國散曲史　羅錦堂
元曲家考略　孫楷第
元曲六大家略傳　譚正璧
中國文學家大辭典　譚正璧
元戲曲家小傳　王國維
元雜劇六大家略評　邵曾祺
元明清戲曲研究論文集
中國戲劇論叢
戲劇叢刊
遼金元文學　蘇雪林
中國文學發展史　劉大杰
插圖本中國文學史　鄭振鐸
中國文學史論集　中華出版事業委員會

滄海叢刊書目

國學類	
中國學術思想史論叢(一)～(八)	錢穆著
現代中國學術論衡	錢穆著
兩漢經學今古文平議	錢穆著
宋代理學三書隨劄	錢穆著
先秦諸子繫年	錢穆著
朱子學提綱	錢穆著
莊子纂箋	錢穆著
論語新解	錢穆著
哲學類	
文化哲學講錄(一)～(五)	鄔昆如著
哲學十大問題	鄔昆如著
哲學的智慧與歷史的聰明	何秀煌著
文化、哲學與方法	何秀煌著
哲學與思想	王曉波著
內心悅樂之源泉	吳經熊著
知識、理性與生命	孫寶琛著
語言哲學	劉福增著
哲學演講錄	吳怡著
後設倫理學之基本問題	黃慧英著
日本近代哲學思想史	江日新譯
比較哲學與文化(一)(二)	吳森著
從西方哲學到禪佛教——哲學與宗教一集	傅偉勳著
批判的繼承與創造的發展——哲學與宗教二集	傅偉勳著
「文化中國」與中國文化——哲學與宗教三集	傅偉勳著
從創造的詮釋學到大乘佛學——哲學與宗教四集	傅偉勳著
中國哲學與懷德海	東海大學哲學研究所主編
人生十論	錢穆著
湖上閒思錄	錢穆著
晚學盲言(上)(下)	錢穆著
愛的哲學	蘇昌美著
是與非	張身華譯
邁向未來的哲學思考	項退結著

現代藝術哲學	孫 旗 譯
現代美學及其他	趙天儀 著
中國現代化的哲學省思	成中英 著
不以規矩不能成方圓	劉君燦 著
恕道與大同	張起鈞 著
現代存在思想家	項退結 著
中國思想通俗講話	錢 穆 著
中國哲學史話	吳怡、張起鈞 著
中國百位哲學家	黎建球 著
中國人的路	項退結 著
中國哲學之路	項退結 著
中國人性論	臺大哲學系主編
中國管理哲學	曾仕強 著
孔子學說探微	林義正 著
心學的現代詮釋	姜允明 著
中庸誠的哲學	吳 怡 著
中庸形上思想	高柏園 著
儒學的常與變	蔡仁厚 著
智慧的老子	張起鈞 著
老子的哲學	王邦雄 著
逍遙的莊子	吳 怡 著
莊子新注（內篇）	陳冠學 著
莊子的生命哲學	葉海煙 著
墨家的哲學方法	鍾友聯 著
韓非子析論	謝雲飛 著
韓非子的哲學	王邦雄 著
法家哲學	姚蒸民 著
中國法家哲學	王讚源 著
二程學管見	張永儁 著
王陽明——中國十六世紀的唯心主義哲學家	張君勱原著、江日新中譯
王船山人性史哲學之研究	林安梧 著
西洋百位哲學家	鄔昆如 著
西洋哲學十二講	鄔昆如 著
希臘哲學趣談	鄔昆如 著
近代哲學趣談	鄔昆如 著
現代哲學述評(一)	傅佩榮編譯

當代西方哲學與方法論	臺大哲學系主編
人性尊嚴的存在背景	項退結編著
理解的命運	殷鼎著
馬克斯・謝勒三論	阿弗德・休慈原著、江日新譯
懷海德哲學	楊士毅著
洛克悟性哲學	蔡信安著
伽利略・波柏・科學說明	林正弘著
宗教類	
天人之際	李杏邨著
佛學研究	周中一著
佛學思想新論	楊惠南著
現代佛學原理	鄭金德著
絕對與圓融——佛教思想論集	霍韜晦著
佛學研究指南	關世謙譯
當代學人談佛教	楊惠南編著
從傳統到現代——佛教倫理與現代社會	傅偉勳主編
簡明佛學概論	于凌波著
圓滿生命的實現(布施波羅密)	陳柏達著
薝蔔林・外集	陳慧劍著
維摩詰經今譯	陳慧劍譯註
龍樹與中觀哲學	楊惠南著
公案禪語	吳怡著
禪學講話	芝峯法師譯
禪骨詩心集	巴壺天著
中國禪宗史	關世謙著
魏晉南北朝時期的道教	湯一介著
社會科學類	
憲法論叢	鄭彥棻著
憲法論衡	荊知仁著
國家論	薩孟武譯
中國歷代政治得失	錢穆著
先秦政治思想史	梁啟超原著、賈馥茗標點
當代中國與民主	周陽山著
釣魚政治學	鄭赤琰著
政治與文化	吳俊才著
中國現代軍事史	劉馥著、梅寅生譯
世界局勢與中國文化	錢穆著

中華文化十二講	錢　穆著
民族與文化	錢　穆著
楚文化研究	文崇一著
中國古文化	文崇一著
社會、文化和知識分子	葉啟政著
儒學傳統與文化創新	黃俊傑著
歷史轉捩點上的反思	韋政通著
中國人的價值觀	文崇一著
紅樓夢與中國舊家庭	薩孟武著
社會學與中國研究	蔡文輝著
比較社會學	蔡文輝著
我國社會的變遷與發展	朱岑樓主編
三十年來我國人文社會科學之回顧與展望	賴澤涵編
社會學的滋味	蕭新煌著
臺灣的社區權力結構	文崇一著
臺灣居民的休閒生活	文崇一著
臺灣的工業化與社會變遷	文崇一著
臺灣社會的變遷與秩序(政治篇)(社會文化篇)	文崇一著
臺灣的社會發展	席汝楫著
透視大陸	政治大學新聞研究所主編
海峽兩岸社會之比較	蔡文輝著
印度文化十八篇	糜文開著
美國的公民教育	陳光輝譯
美國社會與美國華僑	蔡文輝著
文化與教育	錢　穆著
開放社會的教育	葉學志著
經營力的時代	青野豐作著、白龍芽譯
大眾傳播的挑戰	石永貴著
傳播研究補白	彭家發著
「時代」的經驗	汪琪、彭家發著
書法心理學	高尚仁著
史地類	
古史地理論叢	錢　穆著
歷史與文化論叢	錢　穆著
中國史學發微	錢　穆著
中國歷史研究法	錢　穆著
中國歷史精神	錢　穆著

國史新論	錢　　穆	著
秦漢史	錢　　穆	著
秦漢史論稿	邢義田	著
與西方史家論中國史學	杜維運	著
中西古代史學比較	杜維運	著
中國人的故事	夏雨人	著
明朝酒文化	王春瑜	著
共產國際與中國革命	郭恒鈺	著
抗日戰史論集	劉鳳翰	著
盧溝橋事變	李雲漢	著
老臺灣	陳冠學	著
臺灣史與臺灣人	王曉波	著
變調的馬賽曲	蔡百銓	譯
黃帝	錢　　穆	著
孔子傳	錢　　穆	著
唐玄奘三藏傳史彙編	釋光中	編
一顆永不殞落的巨星	釋光中	著
當代佛門人物	陳慧劍	編著
弘一大師傳	陳慧劍	著
杜魚庵學佛荒史	陳慧劍	著
蘇曼殊大師新傳	劉心皇	著
近代中國人物漫譚・續集	王覺源	著
魯迅這個人	劉心皇	著
三十年代作家論・續集	姜　　穆	著
沈從文傳	凌　　宇	著
當代臺灣作家論	何　　欣	著
師友風義	鄭彥棻	著
見賢集	鄭彥棻	著
懷聖集	鄭彥棻	著
我是依然苦鬥人	毛振翔	著
八十憶雙親、師友雜憶（合刊）	錢　　穆	著
新亞遺鐸	錢　　穆	著
困勉強狷八十年	陶百川	著
我的創造・倡建與服務	陳立夫	著
我生之旅	方　　治	著
語文類		
中國文字學	潘重規	著

中國聲韻學	潘重規、陳紹棠　著
訓詁通論	吳孟復　著
翻譯新語	黃文範　著
詩經研讀指導	裴普賢　著
陶淵明評論	李辰冬　著
鍾嶸詩歌美學	羅立乾　著
杜甫作品繫年	李辰冬　著
杜詩品評	楊慧傑　著
詩中的李白	楊慧傑　著
司空圖新論	王潤華　著
詩情與幽境——唐代文人的園林生活	侯迺慧　著
唐宋詩詞選——詩選之部	巴壺天　編
唐宋詩詞選——詞選之部	巴壺天　編
四說論叢	羅盤　著
紅樓夢與中華文化	周汝昌　著
中國文學論叢	錢穆　著
品詩吟詩	邱燮友　著
談詩錄	方祖燊　著
情趣詩話	楊光治　著
歌鼓湘靈——楚詩詞藝術欣賞	李元洛　著
中國文學鑑賞舉隅	黃慶萱、許家鸞　著
中國文學縱橫論	黃維樑　著
蘇忍尼辛選集	劉安雲　譯
1984	GEORGE ORWELL原著、劉紹銘　譯
文學原理	趙滋蕃　著
文學欣賞的靈魂	劉述先　著
小說創作論	羅盤　著
借鏡與類比	何冠驥　著
鏡花水月	陳國球　著
文學因緣	鄭樹森　著
中西文學關係研究	王潤華　著
從比較神話到文學	古添洪、陳慧樺主編
神話即文學	陳炳良等譯
現代散文新風貌	楊昌年　著
現代散文欣賞	鄭明娳　著
世界短篇文學名著欣賞	蕭傳文　著
細讀現代小說	張素貞　著

現代詩學	蕭　蕭　著
詩美學	李元洛　著
詩學析論	張春榮　著
横看成嶺側成峯	文曉村　著
大陸文藝論衡	周玉山　著
大陸當代文學掃瞄	葉穉英　著
走出傷痕——大陸新時期小說探論	張子樟　著
兒童文學	葉詠琍　著
兒童成長與文學	葉詠琍　著
增訂江皐集	吳俊升　著
野草詞總集	韋瀚章　著
李韶歌詞集	李　韶　著
石頭的研究	戴　天　著
留不住的航渡	葉維廉　著
三十年詩	葉維廉　著
讀書與生活	琦　君　著
城市筆記	也　斯　著
歐羅巴的蘆笛	葉維廉　著
一個中國的海	葉維廉　著
尋索：藝術與人生	葉維廉　著
山外有山	李英豪　著
葫蘆・再見	鄭明娳　著
一縷新綠	柴　扉　著
吳煦斌小說集	吳煦斌　著
日本歷史之旅	李希聖　著
鼓瑟集	幼　柏　著
耕心散文集	耕　心　著
女兵自傳	謝冰瑩　著
抗戰日記	謝冰瑩　著
給青年朋友的信(上)(下)	謝冰瑩　著
冰瑩書柬	謝冰瑩　著
我在日本	謝冰瑩　著
人生小語(一)～(四)	何秀煌　著
記憶裏有一個小窗	何秀煌　著
文學之旅	蕭傳文　著
文學邊緣	周玉山　著
種子落地	葉海煙　著

向未來交卷	葉海煙 著
不拿耳朵當眼睛	王讚源 著
古厝懷思	張文貫 著
關心茶——中國哲學的心	吳　怡 著
放眼天下	陳新雄 著
生活健康	卜鍾元 著
美術類	
樂圃長春	黃友棣 著
樂苑春回	黃友棣 著
樂風泱泱	黃友棣 著
談音論樂	林聲翕 著
戲劇編寫法	方　寸 著
戲劇藝術之發展及其原理	趙如琳譯著
與當代藝術家的對話	葉維廉 著
藝術的興味	吳道文 著
根源之美	莊　申 著
中國扇史	莊　申 著
立體造型基本設計	張長傑 著
工藝材料	李鈞棫 著
裝飾工藝	張長傑 著
人體工學與安全	劉其偉 著
現代工藝概論	張長傑 著
色彩基礎	何耀宗 著
都市計畫概論	王紀鯤 著
建築基本畫	陳榮美、楊麗黛 著
建築鋼屋架結構設計	王萬雄 著
室內環境設計	李琬琬 著
雕塑技法	何恆雄 著
生命的倒影	侯淑姿 著
文物之美——與專業攝影技術	林傑人 著